부모와 교사가 함께하는
마음자람 프로젝트

김선영 지음

Σ 시그마프레스

부모와 교사가 함께하는 마음자람 프로젝트

발행일 2015년 3월 5일 1쇄 발행

지은이 김선영
발행인 강학경
발행처 (주)시그마프레스
디자인 우주연
편집 문수진

등록번호 제10-2642호
주소 서울특별시 영등포구 양평로 22길 21 선유도코오롱디지털타워 A401~403호
전자우편 sigma@spress.co.kr
홈페이지 http://www.sigmapress.co.kr
전화 (02)323-4845, (02)2062-5184~8
팩스 (02)323-4197

ISBN 978-89-6866-384-0

이 도서의 국립중앙도서관 출판시도서목록(CIP)은 서지정보유통지원시스템 홈페이지
(http://seoji.nl.go.kr)와 국가자료공동목록시스템(http://www.nl.go.kr/kolisnet)에서 이용하
실 수 있습니다.(CIP제어번호 : CIP2015006570)

머리말

1997년 우연히 신문에서 발견한 '음악치료 워크숍'에 호기심으로 찾아갔다가 삶의 방향 전체가 바뀌는 경험을 하게 되었습니다. 저는 그 이후 음악치료를 공부하고 다양한 사람들을 만나면서 그 어떤 대상보다 아이들에게 관심이 있음을 알게 되었고, 아동심리치료를 공부하면서 지금까지 수많은 아이들과 부모님들을 만나면서 매순간 느끼는 것이 있습니다. 세상의 모든 부모는 자녀를 가장 사랑하고 있지만 가끔은 그 사랑하는 방법과 과정 중에서 여러 가지 상황과 이유 때문에 시행착오를 겪게 됩니다. 그러나 그것을 알아채고 변화하려는 노력을 계속하는 한 우리 아이들은 누구보다도 그 사실을 먼저 알아차린다는 것입니다. 그래서 새로운 가족을 만날 때마다 이번에는 어떤 경험과 가르침을 줄지 설렘과 숙연함으로 기다리게 됩니다.

아동발달, 아동심리, 부모교육 등 많은 책들이 아이들에 대해서 이야기하고 있지만, 가끔은 그 이론과 이론가들의 강한 논리와 어조에 우리 아이들 한 명 한 명의 반짝반짝 빛나는 모습들이 가려져 있다는 아쉬움이 들 때가 있습니다. 특히 최근에는 아이들의 정상발달, 문제행동 등에 대한 표준화된 수치나 자료들에 전문가와 부모 모두가 너무 연연하게 됨으로써 마치 공부를 하고 문제집을 풀듯 아이들을 보는 시선이 안타까울 때가 많습니다.

우리 아이들은 어른들이 생각하는 그 이상으로 느끼고, 깨닫고, 다양한 방법으로 반응하고 표현하고 있지만 정작 우리가 우리들의 잣대와 기준으로 판단하고 있는 경우가 많다는 것을 아이들이 '놀이과정을 통해서' 보여주고, 알려주고, 심지어 말로 표현해줄 때 제 직업이 얼마나 감사한지를 느끼지 않을 수 없습니다.

아동상담가가 되기 위해 공부를 하고 수련을 하는 과정에서 가정, 학교, 상담센터나 각 지역사회 서비스기관 등이 연계되거나 통합되지 못해 각 전문영역에서 아동청소년을 위해 엄청난 시간과 노력을 투자하고 있음에도 불구하고 우리 아이들은 여전히 점점 더 행복해하지 않고, 꿈을 잃어가는 것을 보면서 안타까었습니다.

그래서, 감히 아이들의 대변인이 되고 싶다는 생각으로 이 책을 쓰기 시작했습니다. 아이들이 가진 강점과 약점에는 무엇이 있으며, 그것들이 어떻게 부모와 환경 안에서 조율되면서 아이들이 성장하고 있는지, 그리고 우리가 '이미 알고 있다고 믿는' 아이들의 그 조그마한 머릿속에 얼마나 방대하고 아직 경험되지 않은 우주와 같은 세계가 담겨 있는지를 보고 들은 만큼이라도 전달하고 싶었습니다.

이 책을 쓴다고 했을 때 끝까지 잘 마무리할 수 있도록 격려해주시며 10년 남짓 한결같이 가르침을 주시고 믿음과 지지를 보내주시는 아이코리아 아동발달교육연구원 박랑규 원장님, 그리고 현재 아이들과 가족들을 만나고 연구를 계속하는 데 격려와 조언을 아끼지 않으시는 서민원 교수님, 김장회 교수님, 김명찬 교수님, 그리고 책을 쓸 엄두조차 내지 못하고 있는 제게 시작할 수 있는 용기를 준 동료 정동완 선생님께 감사드립니다.

또한 이 책에서 말하려고 하는, 대부분의 아이들의 반짝반짝 빛나는 강점이 다양한 좌절과 스트레스 환경에서 어떻게 살아남아 건강한 마음자람이 가능한지를 삶 속에서 보여주고 가르쳐주신 저의 부모님과 항상 따뜻한 울타리가 되어 주는 가족에게 감사하며, 이 책 속에서 여전히 함께하며 삶을 공유해준 앤드루 가족을 포함한 모든 가족들에게 감사합니다. 무엇보다 햇살처럼 따뜻한 마음생김으로 태어나 주고, 바쁜 엄마라서 '맛있는 것도 못 만들어준다'고 미안해하면 '대신에 놀아주는 엄마라서 고맙다'고 긍정적인 방향으로 엄마의 강점을 찾아주는, 그리고 "엄마, 나는 원석이야! 내가 보석이 될지 돌멩이가 될지는 엄마가 나를 어떻게 갈고 닦는지에 달려있어요."라고 하면서 이 책의 가장 중요한 제목(부제)에 대한 영감을 주고, 책이 아닌 일상에서 매일 그 어떤 유명한 심리학자나 철학자도 주지 못한 깨달음과 가르침을 주고 있는 아들 동현이에게 무한한 고마움을 전합니다.

2015년

저자 김선영

박랑규
아이코리아 아동발달교육연구원 원장

인간은 태어나면서부터 죽는 그 순간까지 끊임없이 변화하고 발달합니다. 그 변화와 발달의 속도, 방향은 생김만큼이나 다를 수밖에 없기 때문에 우리는 아이들의 건강한 발달을 촉진할 수 있는 부모와 교사, 그리고 친구의 역할 등에 주목해야 합니다.

대부분의 양육 관련 정보들이 '건강한 발달'을 이야기하고 있고, 아이들이 가진 부정적인 정서나 행동들에 관심을 두고 이를 개선하기 위한 해결책을 제시하고 있음에도 불구하고 정작 우리는 전 시대를 통해 가장 힘든 것이 '양육'이라고 입을 모읍니다. '아이 하나를 키우는 데 마을 전체가 필요하다'는 말도 있지만, 실제로 아이 하나를 건강한 인격체로 성장시켜 행복한 성인이 되게 하기 위해서는 온 우주의 힘을 모아도 부족할 것입니다.

이 책을 읽고 있으니 2007년 한양대학교 대학원 아동심리치료학과 공개사례발표에서 처음 김선영 선생을 만났을 때가 기억나는데, 말 한마디 못하는 발달장애를 가진 일곱 살 아동을 2년간 만나면서 음악치료와 놀이치료를 통해 느리지만 단계적으로 발달하는 과정을 엄마처럼 지켜봐 주는 모습이 인상적이었습니다.

이후 아이코리아 아동발달교육연구원에서 발달장애를 가진 아이들에게도 발달촉진을 위한 교육적 음악치료뿐만 아니라, 느리지만 성장하는 아이들의 마음에 집중하고 싶다고 하면서 음악심리치료를 하고 싶다고 진심을 다해, 적극적으로 요청했을 때 망설임 없이 믿고 맡길 수 있었습니다. 이렇게 자폐스펙트럼장애 아동 및 성인을 위한 음악치료를 시작으로 놀이치료와 모래놀이치료 등 다양한 치료 방법을 아이들에게 적용하면서 장애아동과 일반아동을 통합하는 다양하고 창의적인 방법들을 꾸준히 찾아낼 수 있지 않았을까 합니다.

그동안의 노력과 경험을 그대로 담은 이 책은 아이들을 찾아내지도 않은 원석에 비유하면서, 원석이 빛나는 보석이 되기까지의 과정을 그리고 있습니다. 또한 아이들이 자신을 이해하는 데 필요한 이론적 정보와 간편 체크리스트, 그리고 아이들의 마음자람을 도와줄 부모와 교사를 위한 구체적이고 현실적인 대안과 함께, 집에서나 학교에서 적용 가능한 매우 구체적이고 자세한 프로그램까지 소개하고 있습니다.

무엇보다도 책 곳곳에 녹아 있는 김선영 선생이 실제 심리치료 교육현장에서 경험한 다양한 음악치료와 모래놀이치료 사례들은 이 책을 읽는 부모와 교사들이 우리 아이들의 심리내적 능력을 이해하는 데 큰 도움이 되리라 생각합니다.

양육과 교육, 그리고 심리치료는 따로 있지 않습니다. 부모와 교사, 심리전문가들이 모두 '아이들의 건강한 마음자람을 위함'이라는 한 가지 목표만 바라볼 때, 점점 놀 수 있는 권리를 잃고 꿈을 잃어가는 우리 아이들에게 이 세상이 꽤 살 만한 곳임을 경험할 수 있게 할 수 있을 것입니다.

서민원
한국대학평가원 원장

김선영 선생이 이번에 이 책을 발간하게 된 것을 축하합니다. 이 책은 김선영 선생이 알고 있는 지식을 단순히 쏟아낸 것이 아니라, 아동 · 청소년을 대상으로 한 심리치료센터를 직접 운영하면서 축적된 체험의 과정과 결과들을 보석과도 같이 소중히 갈고 닦아 잉태한 산물이라는 점에서 주목할 만합니다.

김선영 선생의 이번 저서는 크게 세 가지 점에서 돋보이는 시각을 보여준다고 생각합니다. 첫째는 아이에 대한 관점이 어떠해야 하는지를 분명하게 제시하고 있다는 점입니다. 그것은 다름 아닌 아이들이 '원석'과도 같이 자연 그대로의 모습을 담고 있으면서도 무한한 가능성을 지니고 있다는 점에 대한 확고한 인식입니다. 이러한 아이에 대한 기본적 접근을 토대로 상담과 심리치료에 임해야 함을 실제의 사례를 통해 보여주고 있는 점은 다른 이론 수준의 책에서는 흔히 접할 수 없는 김선영 선생만의 체험의 산물로 여겨집니다. 둘째는 부모와 상담 및 심리치료사, 그리고 교사들이 구체적으로 어떻게 아이들을 대해야 하는지에 대한 실제적 방법론을 인지, 정서, 사회성 등 다양한 측면에서 경험적 사례를 통해 보여주고 있다는 점입니다. 마지막으로 한 아이의 문제는 단순히 아이만의 문제가 아니라 부모, 가족, 학교 등 그 아이를 둘러싼 환경적 요인과 총체적 관계 속에서 이해될 때 자연 상태의 원석이 진정한 보석으로 변화될 수 있음을 말해주고 있습니다.

출간에 대한 축하의 말씀을 드리며, 아울러 아이를 사랑하고 사람을 소중하게 생각하는, 그러기에 상담과 심리치료에 누구보다도 열정이 가득한 김선영 선생의 이번 저서를 한 번쯤은 접함으로써 아이에 대한 이해의 폭과 깊이가 한층 더해질 기회를 갖게 되길 소망하면서 주저하지 않고 권해 드리고자 합니다.

김명찬
인제대학교 상담심리치료학과 학과장

건강한 아동과 청소년은 자기와 타인과의 관계를 분명하게 구분할 수 있습니다. 자기의 감정과 욕구와 부모님이나 친구들의 감정과 욕구가 다를 수 있다는 것을 알기에 주변 사람들의 감정과 욕구를 존중하면서도 자기의 감정과 욕구를 존중할 수 있습니다. '나'와 '너'가 다르다는 걸 알기 때문입니다. 동시에 자신과 타인을 완벽한 존재가 아닌 좋은 면과 나쁜 면을 동시에 갖춘 '괜찮은 사람'이라고 여깁니다. 따라서 다른 사람을 무조건 이상화하여 그 말을 따르지도 않고, 자만심에 빠져서 자신을 최고라고 여기는 실수를 하지도 않습니다. 건강한 아이는 완벽한 아이가 아니라 자기와 타인을 좋아하는 괜찮은 아이입니다.

마음의 건강함이 약한 아동과 청소년은 자기와 다른 사람의 감정과 욕구를 잘 구분하지 못해서 불안감과 혼란스러움을 느끼거나 과도한 공격성을 보이게 됩니다. 또한 좋은 면과 나쁜 면의 균형이 깨져 있어 자기나 타인이 완벽하거나 또는 완전히 형편없다는 생각 속에 빠져서 관계가 불안정하게 됩니다. 김선영 선생님은 이러한 문제가 어디서 왔는지, 어떻게 해결되어 가는지를 현장의 풍부한 경험에 기반하여 섬세하고 구체적으로 기술하고 있습니다. 만 10년 이상 아동 및 청소년의 회복과 성장을 촉진하는 현장에 있었던 만큼 김선영 선생님의 책은 현실적이고 효과적인 해결책을 제시하고 있습니다.

이 책은 아이들의 안정적이고 독립적인 성장을 바라는 모든 부모님과 선생님들에게 오래 두고 참고할 수 있는 안내서가 될 것입니다.

차례

 01 원석 발굴하기

 02 원석 다듬기

원석 세공하기

나는 빛나는 보석이다

05 마음자람 프로그램

원석 발굴하기

'나'는 누구일까요?

상담을 하면서 만나는 아이들과 그 아이들이 속한 가정의 상황은 아이들의 생김 새만큼이나 다양함에도 불구하고 처음 부모님을 만나면 듣게 되는 대표적인 말이 있습니다.

> "우리 아이한테 큰 문제가 있다기보다는 부모 문제인 것 같아요. 원인은 알고 있으니 검사 없이 심리치료를 해줄 수는 없나요? 결국은 부모가 문제인 것 같아요."
> "왜 아이를 상담하러 왔는데 부모가 검사를 받아야 하죠? 우리 집은 이 아이만 고쳐주 시면 아무 문제가 없습니다."

또한 유치원이나 학교 부적응 문제로 상담을 오는 경우 역시 대표적인 말이 있 습니다.

> "우리 아이가 다른 아이보다 조금 예민하고 창의적인 아이라 적응이 힘든가 봐요."
> "하필 우리 반 선생님이 조금 까다로우신 것 같아요."

어떤 이유가 되었든지 먼저 부모님과의 양육상담을 하고, 자녀에 대한 전반적 인 이해를 위해서는 심리평가를 하게 됩니다. 그럴 때면 주로 듣는 질문이 "우리 아이가 검사를 받아야 할 만큼 큰 문제가 있는 걸까요? 저희가 너무 예민한 걸까 요?"입니다. 그러면 저는 종종 이렇게 예를 듭니다.

> "제가 좋아하는 TV 프로그램 중에서 CSI가 있습니다. 여기에서 수사선상에 오른 범인 을 찾는 과정에서 DNA 검사를 하자고 하면 대부분 의심받는다고 생각해서 화를 냅니 다. 그때 CSI 요원들이 하는 말이 있습니다. '범인이라고 의심해서가 아니라, 의심받는 범위에서 벗어나게 해드리려고 하는 겁니다.' 저도 마찬가지입니다. 자녀에게 어떤/어 디에 강점이 있고, 어떤/어디에 약점이 있는지를 확인해서 가장 최적의 정보와 도움을

드리기 위해 검사를 합니다. 내 아이의 능력, 심리, 혹은 사회성 중에서 하나만 알면 된다고 하셔도 종합검사를 권유해 드리는 것도 바로 이런 이유입니다."

Full Battery 종합평가

한 개인의 지능, 심리특성, 적성 등 다양한 영역을 측정하기 위한 심리검사도구가 많습니다. Full Battery 종합평가는 이 중에서 (1) 인지능력, (2) 정서행동상태, (3) 사회성, (4) 부모 양육태도 및 부모 심리상태 등을 중점적으로 측정함으로써 의학적 진단영역 또는 상담현장에서 필요한 정보를 얻기 위해 단편적인 검사가 아닌 종합적인 검사를 모두 실시하는 것을 말합니다.

어떤 이유로든 이런 종합적인 심리검사를 원하는 경우에는 다양한 이유가 있습니다. 내 아이가 특별한 능력 또는 재능이 있는지, 내 아이가 다소 부족한 부분이 있는지, 또는 현재 별다른 부분 없이 평범하지만 정말 평범하게 잘 지내고 있는 것이 맞는지 등이 그것인데, 그러면서 "부모라서 내 아이를 제일 잘 안다고 믿지만, 내 아이라 객관적으로 보기 힘든 부분이 있을 것 같아서요."라고 합니다.

Full Battery 평가에서는 부모가 예상했거나 기대 이상으로 특별하게 뛰어난 지능이나 재능을 발견하게 되는 경우가 있습니다. 이렇게 특별하게 뛰어난 지능이나 재능을 가진 경우, 이로 인해 대부분 그 정도의 차이는 있지만 평범하고 무난하기를 요구하는 일상생활(가정, 학교, 또는 또래관계)에서 불편함을 느낄 수 있습니다. 그러나 일단 지능(IQ)이 매우 높거나 영재 수준이라고 하면 간혹 정서행동상태나 사회성과 부모님의 양육태도에서 어려움을 느끼거나 전문적인 도움이 필요함에도 불구하고, 이를 감내해야 할 부분으로 여기고 간과하는 경우를 종종 보면서 안타까움을 느낍니다. 이러한 이유로 대부분의 아이들이 유·아동기에 영재적 속성을 가지고 있었음에도 어느 순간이 되면 평범한 청소년, 평범한 직장인으로조차 살기 힘들어지게 되기도 하는 것입니다.

한편, 검사를 통해 인지, 정서, 사회성의 영역에서 자녀의 평균적인 발달을 위협할 수 있는 부정적인 결과를 맞닥뜨리게 되면 "그래도 내 아이는 내가 제일 잘 아는데요."라고 하면서 결과가 나쁘게 나올 수밖에 없었던 갖가지 이유 ― 검사 당일 아이의 컨디션이 안 좋았다, 평가자를 아이가 어려워했다, 집에서는 이렇게 하지 않았다, 혹은 실은 다른 데서도 비슷한 검사를 했는데 지난번에는 다른 결과 였다 등 ―를 찾게 됩니다.

두 사례 모두 자녀에 대한 객관적인 이해의 눈을 가리는, 부모에게는 가장 불편 한 선글라스입니다. 디자인이 예뻐서 UV차단지수나 렌즈의 품질 등을 고려치 않 고 구입했다가 낭패를 보는 경우가 있지요. 선글라스는 아깝긴 해도 버리거나 안 쓰면 그만이지만, 자녀에 대한 정확한 이해를 가리는 부모의 시각은 쉽게 바꿀 수 가 없습니다.

그런데, 두 사례 모두 부모는 불안해집니다. "이렇게 특별한 아이를 내가 잘 키 울 수 있을까?", "이렇게 문제가 있는데 내 탓일까? 이제 어떻게 하지?" 그 해답 을 찾기 위해 저는 두 사례 중에서 어떤 경우든 부모님께 매우 일반적이고도 단순 한 질문을 다시 던져봅니다.

"아이가 내향적인가요, 외향적인가요?"

그러면 의외로 바로 대답을 하는 경우는 드뭅니다. 갑자기 대답할 말을 잃거나, 이럴 땐 이런데, 저럴 땐 저렇고 등 부모인데도 헷갈린다는 말도 종종 듣게 됩니 다. 그만큼 배 아파 낳고, 가장 오랜 시간 지켜봐 온 부모가 살면서 다양한 경험과 받아온 교육으로도 모자라, 다양한 육아 관련 TV프로그램이나 양육도서를 섭렵 하는 노력을 통해 쌓아온 정보와 경륜을 총동원하고도 파악하기 힘들만큼 '나'는 참으로 복잡미묘하고 다양한 존재입니다.

쏟아져 나오는 양육도서들, 그리고 TV만 틀면 거의 매일 어느 채널에선가는 방 영되고 있는 양육, 부부 등에 대한 프로그램을 통해서 예전에 비해 아이와 가족,

양육을 이해하는 데 많은 관심과 노력을 기울이는 현실이 상담자로서 다행스럽습니다. 하지만 한편으로 "내 아이는 내가 잘 알아.", "나도 어릴 땐 그랬어."라고 하면서 객관적 이해의 눈을 가리는 부모의 왜곡된 시각이나 혈액형, 지문, 뇌파검사, 간단한 체크리스트, 한두 장의 그림 등으로 자녀(의 심리)를 알 수 있다고 믿는 최근의 추세가 매우 우려되는 것도 사실입니다. '나'라는 존재가 그렇게 쉽게 이해하고 판단해서 대처할 수 있다고 폄하되기에는 너무나 고려할 것들이 많기 때문입니다. 태어난 그 순간, 무인도에 떨어져서 평생을 혼자 살지 않는 한은 말이지요.

갓 태어난 아기가 엄청난 뇌세포분열과 부모와의 애착, 신체-인지-정서발달 과정을 통해 "내꺼", "내가 할래"라는 말을 하게 되는 데도 평균적으로 만 3년이 걸리며, 그래서 임상의학적 영역에서 발달장애 성향을 평가하거나 진단을 할 때 만 3세경에 '나'라는 표현이 나타나고 있는지 확인하고 있습니다. 그만큼 우리가

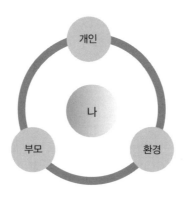

구성	개인	부모	환경
내용	인지 정서 사회성	각 부모의 유형 각 부모의 심리 양육태도	형제관계 또래관계 유치원/학교 등
주요 과제	조절	양육행동, 일관성	대처기술

'나'의 구성요소

너무나 쉽게 단음절로 '나'라고 표현하지만, '나'라는 글자에는 많은 의미와 경험이 함축되어 있습니다. 그러므로 구체적으로 나의 '진정한' 강점과 약점을 아는 것은 능력을 계발하기 위한 첫 번째 계단이 될 것입니다. 이러한 능력과 기질, 성향이 삶의 과정을 통해 지속적이고 반복적으로 부모와 환경에 의해서 침범당하고, 이를 조절하는 과정에서 좌절하거나 좌절을 극복하고 다시 적응하는 과정에서 어느 정도 일관되고 지속적인 형태를 갖추게 되는 것을 성격이라고 하고, 보통 만 10~12세가 되면 '1차 성격 형성[1]이 완성'됩니다.

내 안에 내가 모르는 내가 있다 – 인지

인지는 개인의 기능/기술적으로 대표되는 영역으로서, 지능 또는 능력으로 언급되기도 합니다. 상담에서 "우리 아이는 머리가 나쁘지는 않은 것 같은데 공부에는 소질이 없는지 성적이 시원찮아요."라는 말을 많이 하는데, 이때 '인지능력', '학습능력', '실행능력'을 구분하기 위해서 자녀의 신체적, 정서적, 사회적 발달에 대한 주의 깊은 관심과 관찰이 필요하게 됩니다. 인지능력이 발달연령에 대비하여 평균에서 평균 이상의 수준이라고 하더라도, 이를 학습능력으로 이어가기 위해서

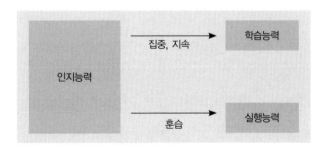

인지영역

---

[1] 애착, 뇌발달에서 이전의 심리학 연구에서는 '결정적 시기' 등을 이유로 생애 초기 완성을 강조하였고 성격 완성 시기를 만 18세 전후로 보았지만, 최근 애착, 뇌발달에서는 청소년기 또는 성인기까지 지속적인 변화와 발달이 이루어진다는 관점이 부각됩니다. '1차 성격 형성의 완성'은 기질과 성향 그리고 반응양식이 어느 정도 고착되어 변화가 쉽지 않은 상태가 됨을 의미합니다.

반드시 필요한 것이 집중능력과 지속능력이며, 실행능력으로 확장하기 위해서 반드시 요구되는 것이 반복적인 훈습입니다.

개인에 따라 인지능력에는 편차가 있으므로 (1) 이를 측정하기 위한 도구들이 있으며 (2) 이 편차를 조율하는 과정에서 '정서-행동'과 '사회성'이 중요한 주제로 등장하게 됩니다.

전문가 Tip Talk **실행능력**

우리가 인지능력 및 지능을 언급할 때 일반적으로 간과하고 있는 것이 있는데, 그것은 바로 각인된 인지능력의 다양한 영역을 일상생활에서 적용가능하게 하는 인지능력인 '실행능력'입니다. 실행능력은 자신의 행동과 발달과제(학습, 사회성 성취 등)를 계획하고, 조절하고, 관리할 수 있는 통합인지능력을 뜻합니다.

실행능력

① 해야 할 일 등을 정해진 시간 안에 기억해내는 작업능력
② 현재 해서는 안 될 행동을 즉각적으로 멈추고 기다릴 수 있는 억제능력
③ 다른 일을 하기 위해서 현재 하고 있는 생각을 멈출 수 있는 사고전환능력
④ 계획을 세우고 정해진 기간에 성취하기 위해 세부사항을 찾아낼 수 있는 계획능력

'머리가 똑똑한' 아이는 이해력이 좋아서 상황에 대한 판단도 적절하게 하고, 그래서 성숙한 행동을 하리라는 사회적 기대치가 높아지는 경향이 있습니다. 하지만 실제로 학문적으로 성공한 학자나 노벨상을 받은 사람이 모든 사회적 상황(가정, 직장생활 등)에서 적절한 사회성을 발휘하거나 높은 관리능력을 발휘하는 경우는 드뭅니다. 즉 머리로 상상할 때는 무엇이든지 다 가능할 것 같지만 구체적이고 실제적인 행동으로 표현할 수 있는지를 뜻하며, 주로 실용적이고 기술적인 영역을 포함하게 됩니다.

이렇게 '인지할 수 있는 능력'과 '실행할 수 있는 능력'은 분리되어 있는데, 인

지능력은 다소 선천적인 부분이 강조된다면, 실행능력은 선천적인 부분과 함께 지속적인 경험과 훈습을 통해 향상될 가능성이 많은 능력이기도 합니다.

뇌신경학적으로는 이러한 실행능력이 가장 활성화되는 시기를 만 3~7세로 보고 있으며 이 시기는 아이들이 처음 사회성 기술을 발휘해 사회적 관계 상황에서 자신감과 성취감, 긍정적 정서감을 경험하는 아동발달의 가장 결정적인 시기입니다.

실행기능이 저하된 아동의 행동유형 체크리스트

□ 행동이 느리고 둔해서 스스로 하려는 의지가 부족하다.
□ 주로 사물과의 상호작용을 좋아하며, 또래/동료와의 상호작용이 적다.
□ 종이접기, 가위질, 젓가락질 등에 필요한 소근육 발달이 부족해서 손을 움직여서 하는 활동을 싫어한다.
□ 금방 싫증을 내거나 좌절하며, 이에 대한 정서적 반응(짜증, 화내기 등)이 보인다.
□ 친구와 노는 것을 원하면서도 주로 혼자 있는 경우가 많다.
□ 또래아이들과 있을 때 약간 떨어져서 구경하고 있는 경우가 많다.
□ 집중하지 못하고 산만한 행동을 보인다.

위의 체크리스트에서 3개 이상에 체크 표시를 했다면, 아이의 실행능력에 대한 구체적인 확인과 함께 이로 인한 정서적인 어려움이 발생하고 있는지에 대한 점검이 필요합니다.

실행능력은 선천적으로 조금 부족하다고 하더라도 다른 인지능력에 비해 지속적인 모방, 연습을 통해 향상이 가능합니다. 다만, 부족한 경우에는 아동 스스로도 머리로는 이해가 되지만 내 몸이나 행동이 스스로 당면한 문제를 해결하지 못하는 것에서 오는 심리적 불안정이 주의산만한 행동으로 나타나기도 하고, 기질적으로 긴장되고 불안이 높은 아동의 경우 '완벽주의적인' 모습으로 보여져서 자신 없는 영역, 특히 평가 상황이나 다른 사람들이 있는 상황에서는 시도조차 하지 않으려는 모습으로 나타나기도 하며, 어느 쪽이든 평가 상황 및 과제에 대한 동기를 저하시켜서 컴퓨터 게임 등에 몰입하게 만드는 원인을 제공하기도 합니다. 또한 부모의 경우 '알면서도 안 해서 더 밉다'라는 말을 하는 등 부모-자녀관계의 손상을 가져올 수도 있습니다.

내 안에 내가 모르는 내가 있다 - 정서

개인이 인지한 것을 사고하고 반응하고 표현하는 과정에서 자연스럽게 '욕구'라는 것이 생겨나게 되고, 이것이 받아들여지는지 아니면 좌절되는지에 따라서 정서감이 발생하게 됩니다. 정서감은 다시 긍정적 정서감과 부정적 정서감으로 나눌 수 있습니다. 개인 내적 또는 외적으로 발생한 자극에 대해서 매번 즉각적인 적응반응을 통한 긍정적인 정서감을 느낄 수는 없기 때문에, 대상과 상황에 따라서 긍정적, 부정적 정서감은 모두 필요하며 어느 것이 더 좋다고 말하기 힘들 때가 많습니다.

상담을 할 때 "우리 아이가 ○○○ 할 때 스트레스를 받지 않을까 걱정돼요.", "○○○ 상황 때문에 불안하거나, 우울하거나, 화가 나면 어떡하죠?"라는 질문을 많이 받게 되는데, 저는 반대로 "그러면 스트레스를 받지 않고, 불안하거나 우울하거나 화가 나지 않고 살 수 있는 사람이 있을까요?"라고 반문을 하게 됩니다.

외부에서 무엇인가 개인의 욕구를 좌절시키는 상황이 발생하면 이는 스트레

욕구-정서-행동 모형

좌절된 욕구 모형

부모가 보는 문제행동　　　　　　전문가가 보는 문제행동

스를 유발하고, 이에 대한 부정적 정서감과 함께 '정서적 부적응 행동'이 나타나게 되는 것은 매우 정상적이고 당연한 발달과정입니다(동생이 태어남으로 인해 보이는 행동 등). 즉 부정적 정서감과 정서적 부적응 행동은 최소한 '반응하고 있음'을 알려주는 중요한 신호일 수 있습니다.

다만 이러한 정서적 부적응행동과 문제행동을 구분할 필요가 있는데, 정서적 부적응행동이 일시적이고 단기적인 부적응 상태인 반면, 문제행동은 이러한 정서적 부적응행동이 적절한 대처 방법을 찾지 못해서 지속적으로 반복되어 대체적으로 여러 상황에서도 일관되고 고정적으로 나타나는 것을 의미합니다.

정서	정서조율 실패의 결과로 나타날 수 있는 증상
불안	엄마와 떨어지기 힘듦, 떼쓰기, 발표 상황 거부, 강박적 사고 및 행동에 의한 반복적 확인(반복질문, 애정확인 등) 유치원/학교 등교 거부, 신체화 증상(두통, 복통 등), 산만함, 집중 실패, 과제 수행 거부, 낮은 성취도, 거짓말, 틱 증상 악화 등
우울	짜증/징징거림, 매사에 부정적인 표현, 남 탓, 감정기복, 집중의 실패, 과잉/과소언어화, 의욕 없음, 학습태도 불량, 과제 수행 지연, 낮은 성취도, 유치원/학교 등교 거부 등
분노	부정적 관심 끌기(충동적 행동, 폭발적 분노표현 등), 폭언 직간접적 공격행동, 수동−공격적 행동 등

정서적 부적응 행동

그런데 위에서 보는 것처럼 많은 부모님들은 부적응행동도, 문제행동도, 심지어 아이가 태어나면서부터 가지고 있는 기질과 성향까지도 '고쳐야' 할 것으로 보기 때문에, 불행히도 고쳐지기는커녕 부모-자녀 간 관계문제까지 발생하는 것입니다. 이처럼 아이가 반응하고 있는 상태를 모두 문제행동으로 여겨서 '개선'하는데 총력을 기울이는 부모와 교사만 있다면, 부모도 자녀도 '개선' 그 자체에 집중하느라 정작 집중해야 할 자녀의 빛나는 강점을 놓치게 될 수 있습니다. 또한 이러한 상황이 반복될 때 부정적 정서감이 팽창해 주정서(main affect)가 부정적으로 변할 수 있으며 이는 결과적으로 아이가 자신의 강점과 그 나이에 해야 할 일들에 즐겁게 집중할 수 있는 기회를 빼앗게 되는 악순환이 계속되기 때문에 매우 위협적입니다.

대체적으로 많은 학자들이 긍정적 정서감과 부정적 정서감이 7:3의 비율이 되면 개인이 일상생활을 유지하는 데 큰 어려움이 없다고 입을 모으고 있으며, 이를 위해서 가장 중요한 것이 '놀이'과정을 통해 자발적인 즐거움을 경험하는 것입니다. 본래 유아기에서 아동기, 심지어 청소년기에서 성인기까지 '놀이'는 인간이 배우지 않아도 본능적으로 제일 잘할 수 있는 것 중의 하나였음에도 불구하고 최근에는 너무 어린 나이에 사회생활을 시작하는 사회적 환경 때문에 놀지 못하는 아이들뿐만 아니라 어른들이 늘어나면서 '놀이'의 중요성이 강조되고 있습니다.

전문가 Tip Talk 유아의 심리적 독립

한 개인이 태어나서 성인으로 성장하기까지 가장 결정적 역할을 하는 시기를 만 7세까지로 보게 되는데, 그 시기에 전 인생에 지속적으로 영향을 줄 수 있는 많은 발달적 과제들-안정애착, 자율성, 자발성, 주도성, 조절능력-이 집중적으로 성장하는 시기이기 때문입니다. 7세까지 발달에서 궁극적으로 가장 중요한 발달과제는 바로 '심리적 독립'입니다. 즉 아동이 자신이 가진 인지능력과 학습능력, 실행능력을 십분 발휘할 수 있는 양육환경 및 사회적 지원이 가능해지면 이 과정에

아동의 발달과정 및 발달단계

모형				
기간	출생~6개월	6~18개월	19~36개월	37개월~7세
시기	모-아 한몸 시기	악어-악어새 시기	신체적 분리 시기	심리적 독립 시기
발달 과제	안정애착		신체적 자율성 심리적 자율성	자발성	주도성
			부모의 자유 제한 → 아동의 실행능력 조절능력		
적응	안정애착과 심리적 안녕감 타인과 세상에 대한 호기심		생활습관 개선을 위한 자발적, 지속적 노력 자신감과 적극성 건강한 공격성(도전정신, 경쟁심) 관심 영역에 집중할 수 있는 능력 타인 인식을 통한 배려행동		
부적응	분리불안		불안과 분노, 우울, 반항 등		

모형출처 : 아동심리치료학개론, 2012

서 자신감을 획득할 수 있게 되고, 이러한 경험이 반복적으로 축적되면 자존감, 즉 '자기를 존중할 수 있는 마음'이 생겨나게 됩니다. 자기 자신을 존중하고 믿음직한 존재로 여기게 되면 자연스럽게 다음 발달과제인 학습과 사회생활에 집중할 수 있게 됩니다. 최근에는 전반적으로 스트레스가 많은 사회환경과 이로 인해 불안해진 부모님들로 인해 이러한 심리적 독립이 자꾸만 늦어지는 경우를 상담현장에서 종종 만나게 됩니다.

　말로는 "○○야, 엄마는 너를 믿어."라고 하면서도, "오늘은 누구랑 놀았어? 선생님한테 혼났어? 무슨 칭찬을 들었니?" 등 끊임없이 확인하고 걱정하는 불안한 부모를 보면서 아이들은 '아, 부모님은 나를 진심으로 걱정해주는구나!'라고 느끼기보다 '아, 우리 부모님이 저렇게 걱정해야 할 만큼 나는 부족한 존재구나.'라고 생각하게 되고 자연스럽게 그런 부모의 기대에 부응하는 의존적인 태도를 유지하려는 쪽으로 나아가게 되는 것입니다.

이 시기에 적절한 심리적 독립을 하지 못한 아동의 경우, 학령기를 지나 성인기 초기로 보이는 대학생이 되어서도 혼자서 사소한 결정도 하지 못하고, 시행착오를 두려워할 수 있으며, 최근 캥거루족 등으로 불리는 부모에 의존하는 성인자녀의 모습으로 성장할 수 있습니다. 그래서 '귀한' 자녀일수록 성공뿐만 아니라 실수와 실패를 거듭할 수 있도록 더 많은 기회를 제공하여 스스로 시행착오를 경험할 수 있도록 하고, 이를 통해 건강하게 성장할 수 있도록 부모의 불안감과 보호 수준을 조절해야 할 것입니다.

내 안에 내가 모르는 내가 있다 – 사회성

인간이 혼자 살지 않고 더불어 살려고 하는 성격적 특성을 사회성이라고 하며, 이렇게 세상에 적응하며 살기 위해서는 사회성 기술이 필요합니다. 일반적으로 우리는 어려서부터 외향적이고 낯선 환경 또는 사람을 대하는 데 어려움이 없어 보이면 '사회성이 좋다'라는 평가를 얻게 되고, 특히 유아기 때는 매우 긍정적인 의미로 사용됩니다.

하지만 더불어 살기 위해서 단지 낯선 환경에 반응하는 태도만이 필요한 것은 아니며 때와 장소를 구분할 줄 아는 다양한 관계기술이 점차 중요해지기 때문에, 사회성 및 사회성 기술[2]을 이야기할 때 '질서유지능력', '문제해결능력', '자신감' 그리고 '표현기술'의 네 가지를 고려하게 됩니다.

상담을 하면서 만나는 많은 가정의 경우, "어린이집 다닐 때까지는 괜찮았는데 유치원 가면서부터 그래요. 큰 데로 옮겨서 그럴까요?"라고 묻는 경우가 있습니다. 환경이 바뀌었으니 그럴 수 있습니다. 그러나 유치원을 옮기지 않아도 '발

---

[2] 다양한 개념과 분류 중 이 책에서는 윤치연(2008)이 표준화한 한국 유아 사회성 기술검사연구에서 제시한 하위영역을 따랐으며, 그에 따른 결과를 설명합니다.

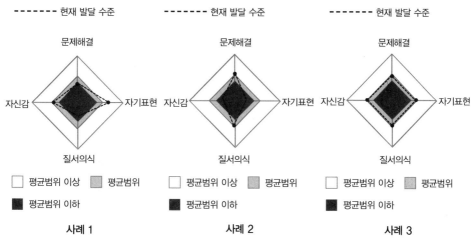

사회성 기술 검사결과 사례

달시기 자체가 사회성이 부각되는 시기'가 시작됩니다. 그래서 그전에는 개별적이고 특별한 아이의 특성만으로도 주목을 받을 수 있었다면, 6세가 되면서부터는 본격적으로 규칙을 지키고 또래관계 안에서 조절하는 능력이 중요해지기 시작하기 때문입니다.

사회성을 측정하는 몇 가지 검사결과 예를 통해서 살펴보도록 하지요. 제시한 세 가지 사례 모두 사회성 기술 총점은 '평균'으로 평가된 경우입니다.

사례 1에서는 자신감과 자기표현이 확장되고 질서의식 및 문제해결능력은 다소 부족한 것으로 나타납니다. 즉, 실제생활에서 개인적 성향 등이 관계지향적이고 자신의 의사와 정서를 표현하는 성향일 가능성이 높고 낯선 환경이나 타인에 대한 적응이 빠르고 발표력도 좋아서 '사회성이 좋다'는 말을 듣기 쉬운 유형입니다. 다만, 다소 자기중심적인 성향으로 사회적 상황에서 규칙을 지키거나 동료와의 갈등에서 배려심을 발휘하지 못해 깊은 관계를 형성하고 유지하는 데 어려움을 느낄 수 있습니다.

사례 2는 과제지향적이고 자신의 생각을 밖으로 표현하기보다는 참을 수 있는 인내심이 높은 유형일 수 있습니다. 이런 경우 가정에서뿐만 아니라 사회적 상황

－유치원 또는 학교－에서 규칙을 잘 지킬 수 있고, 갈등이 발생할 때 어떻게 대처해야 할지 알아서 친구들을 도와줄 수 있는 배려심이 높은 모습으로 나타날 수 있습니다. 다만 지나칠 경우에는 타인의 욕구에 너무 민감하게 반응하고 맞추다 보니 자신의 욕구와 정서를 집중해서 알아채고 표현할 수 있는 힘이 부족해 실제로 자신의 생각과 감정을 정확하게 표현하지 못할 수 있습니다. 시간이 흐를수록 "어릴 때는 입댈 데가 없이 알아서 잘 하더니, 갈수록 스스로 뭔가를 하기 싫어하고 심지어 말도 잘 안 해서 답답하다."라는 말을 들을 수 있으므로 부모와 주변 어른들이 정말 괜찮은지, 정말 잘지내고 있는 것인지 점검이 필요할 수 있습니다.

사례 3은 모든 영역에서 고른 발달을 보이는 것으로 평가된 경우인데, 유 · 아동의 경우 (1) 이미 사회성 기술이 적절한 균형을 유지하면서 발달하고 있거나 (2) 설문검사에 참여한 부모님이 지나치게 방어적이거나 (3) 실제로 검사대상인 유 · 아동이 사회성 기술을 보유하고 있지만 현재 발휘되지 못하고 있는 경우가 있어서 학교, 가정 등에서의 평가나 보고가 다른 경우로 나뉠 수 있습니다.

전문가 Tip Talk   **계단식 발달단계**

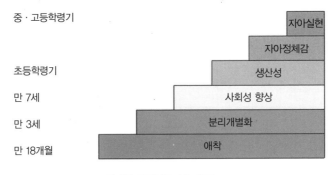

▶ 단계를 뛰어넘을 수는 없다
▶ 단계를 진행하면서 이전 단계의 완성 과정이 계속된다

한 아이가 태어나서 누워만 있다가 12개월 후에 어느 날 벌떡 일어나서 걷거나 뛸 수 없듯이 개인의 신체발달은 그 속도의 차이가 있을 뿐 반드시 그 과정을 순

차적으로 거치게 된다고 해서 '계단식 발달'[3]을 한다고 합니다.

심리사회적 발달 또한 다르지 않아서, 발달연령에 따른 발달과제를 성취하지 않고서는 상위단계로의 성장이 불가능합니다. 겉으로는 잘 적응하는 듯 보였던 아동이, 청소년이, 성인이 어느 순간에 '그 사람답지 않은', 또는 '퇴행'행동을 보이기도 합니다. 이는 궁극적으로 건강한 자기성장을 저해하는 치명적인 상황이 될 수 있으므로 정기적인 자기점검의 기회가 주어져야 하며, 교육현장에서뿐만 아니라 부모와 지역사회 서비스를 통해서 이러한 기회를 제공해야 할 것입니다.

또 다른 나 – 부모

'나'를 구성하는 두 번째 요소로 부모가 있습니다. 상담을 오신 부모님께서 "우리 집에는 아무 문제가 없고 이 아이만 고쳐주시면 됩니다."라고 하거나, "아이가 아니라 전적으로 부모인 저희 잘못입니다."라고 하시면, 그럴 때마다 저는 '깍지 낀 손가락'의 예를 듭니다. 악수를 하거나 맞잡는 형태의 손은 한 사람이 힘을 빼거나 반대로 힘주어 빼고자 하면 쉽게 빠질 수 있지만, 깍지 낀 손은 한 사람이라도 힘을 주어 잡으면 아무리 빼려 해도 쉽게 빠지지 않습니다. 부모와 자녀의 관계는 이 깍지 낀 손가락과 같습니다. 즉, 어느 한쪽이라도 어떤 일이 생기면 그 일은 어

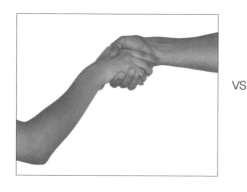 VS

---

[3] 발달심리이론 중에서 비연속적이며 '일정한 단계를 거쳐 질적 변화를 경험한다'고 해서 '단계이론'
이라고도 합니다.

김없이 상대방에게 영향이 갈 수밖에 없다는 뜻입니다.

그렇다면 모든 아이의 문제는 부모의 잘못이라는 말일까요? 물론 아이의 문제에 부모가 '아무런 영향을 미치지 않았을 가능성'은 매우 희박합니다. 그래서 저는 부모의 잘못이 없다고는 말하지 않습니다. 다만 그렇다면, 내 자녀에게 가장 좋은 영향은 누가 미칠까요? 오바마 대통령일까요? 아니면, 세상을 놀라게 한 아인슈타인일까요? 물론 부모님입니다. 아이는 부모로부터 부정적인 영향도 받지만, 긍정적인 영향 역시 가장 많이 받으면서 살고 있다는 사실을 절대로 잊어서는 안 됩니다.

전문가 Tip Talk 본능적 우월감 vs 본능적 죄책감

상담을 하러 온 부모가 자녀에게 특별한 능력이나 재능이 있음을 알게 되면 대부분의 경우는 심리, 사회적으로 도움이 필요한 부분은 재능을 꽃피우기 위해 희생해야 할 부분이라고 생각해서 애써 관심을 두지 않으려고 하는 경우를 많이 보게 됩니다. 이유는 하나입니다.

"내 자녀의 행복을 위해서!", "내 자녀는 누구보다 내가 잘 아니까!"

정작 자녀에게 진정 원하는 것이 무엇인지 묻는 것조차 잊어버리는 경우도 많지요. 이를 '본능적 우월감'이라고 표현합니다. 현재 자녀에게 특별한 능력이 있거나 아니면 심지어 교육에 대한 정보를 제공받을 때도 '제일 최신의 유행을 따르는 방법'이나 '부모가 원하는 방식'을 알려줄 수 있는 사람을 찾아서 원하는 해답을 얻고 달려갑니다. 물론 부모가 선택한 것들이 자녀에게 해로운 경우는 드뭅니다. 하지만 그것들이 적절한 시기에 적절한 양으로 자녀에게 영향을 주고 있는지는 모르는 안타까운 우월감입니다.

한편, 저는 상담을 오는 부모님들께도 양육상담 초기에는 지나친 죄책감을 갖지 않게 하는 데 집중합니다. 부모라면 내 아이가 '콜록'하고 기침만 해도 '혹시 너무 춥게 재웠나?', '어제 외투 안에 조끼를 하나 덧입힐 걸 그랬나?'라고 부모인 당사자가 무슨 잘못을 했는지부터 생각하게 되는 존재입니다. 이것을 '본능적 죄책감'이라고 부릅니다.

부모는 아이를 낳아 부모가 되는 그 순간부터 눈을 감는 그날까지 정도의 차이는 있겠지만 본능적 죄책감을 가지고 있음을 인정해야 합니다. 그렇지 않으면 자녀를 양육해서 성인에 이르게 하는 과정에서 실제 발달과정에 필요한 과제들(애착형성, 훈육, 교육, 사회적 관계 맺어주기 등)을 수행할 때 적절한 양육태도를 유지하는 데 어려움이 있기 때문입니다.

이렇게 부모는 (1) 부모의 기질, 성향, 삶의 방식에서 만들어진 부모 각자의 유형, (2) 양육 당시 부모의 심리상태, 그리고 (3) 이들이 통합적으로 나타나는 부모의 양육태도와 함께 자녀와 긴밀한 상호작용을 평생에 걸쳐 주고받게 됩니다.

또 다른 나-환경

'나'를 구성하는 마지막 요소로서 환경이 있습니다. 예전에는 개인의 특성과 부모의 양육을 가장 큰 구성요인으로 보았지만 맞벌이, 조기교육의 확대 등 사회상의 변화로 인해 아이들이 대체로 일찍 사회적 상황에 노출되면서 환경 역시 매우 비중 있는 구성요소로서 연구되고 있습니다. 환경에는 부모자녀 관계를 제외한 (1) 형제자매 관계, (2) 조부모 관계, (3) 또래관계, (4) 교사와의 관계, (5) 기타 사회적 관계, (6) 경험하는 다양한 외상적 사건(부모의 이혼, 사별, 집단따돌림, 학대, 천재지변으로 인한 외상 등)이 포함됩니다.

요컨대 나를 구성하는 것들과 이것을 유지하고 발달시켜 나가는 데 필요한 것은 다음 그림과 같습니다.

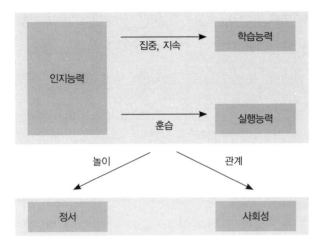

'개인'의 구성 및 필요조건

02

원석 다듬기

강점선호능력 체크리스트

인지 및 강점 등의 '능력'을 측정하는 검사는 어떠한 인지기능의 영역을 어떻게 측정하는지에 따라서 다양하게 채택되고 있습니다. 인지검사는 개인의 '능력'을 측정하므로 원칙적으로 1:1 면담검사로 실시됩니다.

　이 책에서 소개하는 검사는 다중지능이론을 기반으로 하여 성인 부모 또는 자녀의 강점선호능력을 측정할 수 있는 사전검사입니다. 총 여덟 가지 영역으로 나뉘어 있어서 이 검사를 통해 검사대상자가 어떠한 영역에 관심과 기능도를 획득하고 있는지를 알 수 있으며, 영역별 정확한 능력에 대한 검증(발달연령 대비 성취율)을 원한다면 전문기관에서 검사를 실시할 수 있습니다.

다양한 인지검사

- 다중지능검사－이 책에서 소개될 사전검사를 통해 측정된 강점 영역의 연령별 성취비율(%)을 알 수 있다. 40분 소요. 1:1 면담검사.
- 레이븐검사－사고력, 창의력 중심으로 시간 경과에 따른 집중 및 지속능력 측정이 가능하며 선천지능의 연령별 성취 수준을 알 수 있다. 30분 소요. 1:1 면담검사. 멘사에서 영재판별검사로 채택하고 있다.
- 웩슬러검사－가장 보편적으로 알려져 있는 IQ 검사로서, 언어/동작성 검사로 나뉘어 있어 영역별 지능검사 점수를 알 수 있다. 2시간 소요. 1:1 면담검사. 현재 병원 등에서 정상발달/장애진단을 위한 검사로 채택되어 사용되고 있다.
- 카우프만검사－지능과 습득도를 측정하며 동시처리속도, 순차처리속도, 습득도, 비언어성 척도로 구성되어 있다. 40~90분 소요. 1:1 면담검사.
- VIA 강점지능검사－셀리그만의 긍정심리학을 기반으로 하는 24가지 강점 영역 중에서 자신의 대표 강점 영역을 순위별로 확인할 수 있다. 청소년 이상을 대상으로 실시한다. 성인 15~20분 소요.

강점선호능력검사[1]

■ 언어능력

1. 거의 아니다 2. 가끔 그렇다 3. 보통 그렇다 4. 자주 그렇다 5. 항상 그렇다

번호	문항	1	2	3	4	5
1	친구(또래)보다 어휘력이 좋다는 말을 듣는다					
2	새로운 언어를 배우거나 사용하는 것을 즐긴다					
3	다른 사람이 말할 때 틀린 표현이나 단어를 찾는다					
4	다른 사람이 하는 말의 내용을 대체로 이해한다					
5	국어시간 혹은 글짓기 시간이 즐겁다					
6	다른 사람들로부터 말을 잘한다는 평가를 듣는다					
7	낯선 곳에서도 나의 생각 등을 말할 수 있다					
8	많은 사람들 앞에서 발표하는 것이 즐겁다					
9	많은 사람들과 토론하는 것이 어렵지 않고 재미있다					
10	나의 말로 다른 사람을 감동시키는 것이 의미 있다					

■ 논리수학능력

1. 거의 아니다 2. 가끔 그렇다 3. 보통 그렇다 4. 자주 그렇다 5. 항상 그렇다

번호	문항	1	2	3	4	5
1	수학적/경험적 자료(점수, 비율 등)를 잘 기억한다					
2	단순 암산의 경우 재빠르게 계산할 수 있다					
3	새로운 기계 등을 보면 작동원리가 궁금하다					
4	과학적 증명이 필요한 실험하기를 즐긴다					
5	실험을 통해 결과를 예측하고 추리하는 것이 재밌다					
6	사물을 분해, 조립하는 것이 흥미롭다					
7	논리적 사고력이 필요한 퍼즐, 미로게임 등을 즐긴다					
8	기계나 수리에 대한 질문을 많이 하는 편이다					

---

[1] 기존의 지능검사는 발현되는 '능력'의 측정에, 그리고 적성검사는 '흥미/선호'에 초점을 두고 있는 경우가 대부분입니다. 실제로는 이 두 가지가 함께 고려되어야 하므로 능력+선호를 함께 측정하기 위해 재구성된 척도입니다.

		1	2	3	4	5
9	수학을 잘한다					
10	과학을 잘한다					

■ 시공간능력

1. 거의 아니다 2. 가끔 그렇다 3. 보통 그렇다 4. 자주 그렇다 5. 항상 그렇다

번호	문항	1	2	3	4	5
1	언어적 정보보다 그림, 사진과 같은 비언어적 정보에서 더 많은 아이디어를 얻는다					
2	떠오르는 생각을 그림으로 표현할 수 있다					
3	떠오르는 생각을 다양한 평면, 입체적 미술활동으로 표현할 수 있다					
4	나 자신이나 다른 사람의 옷차림 등을 꾸며주는 것을 잘한다는 말을 듣는다					
5	다양한 매체, 도구를 사용해서 무언가를 만들기를 잘한다					
6	내 물건들을 그대로 사용하기보다 예쁘게 꾸미고 장식하는 것이 좋다					
7	다른 사람들로부터 그리거나 만드는 데 소질이 있다는 말을 듣는다					
8	새로운 디자인을 창조해 내는 것이 즐겁다					
9	3차원, 4차원 입체영상을 상상하고 표현하는 데 관심 있다					
10	인테리어, 건축, 패션에 관련된 책을 읽는 것을 좋아한다					

■ 음악능력

1. 거의 아니다 2. 가끔 그렇다 3. 보통 그렇다 4. 자주 그렇다 5. 항상 그렇다

번호	문항	1	2	3	4	5
1	집에 있을 때 음악을 많이 듣는 편이다					
2	다양한 곡의 빠르기나 높낮이를 구별할 수 있다					
3	다양한 악기소리를 구분해 낼 수 있다					
4	악보를 보면서 악기를 배우는 것이 즐겁다					
5	듣거나 생각하는 음악(소리)을 악기로 표현해 보는 것이 즐겁다					
6	노래의 멜로디를 잘 기억한다					
7	노래 부르거나 악기 연주할 때 음정을 잘 맞춘다					
8	노래 부르거나 악기 연주할 때 박자를 잘 맞춘다					
9	연습을 조금만 하면 악보를 보지 않고서도 음악을 비슷하게 재현해 낼 수 있다					
10	음악시간을 좋아한다					

■ 신체운동능력

1. 거의 아니다 2. 가끔 그렇다 3. 보통 그렇다 4. 자주 그렇다 5. 항상 그렇다

번호	문항	1	2	3	4	5
1	책상에 앉아 있는 것보다 몸을 움직이는 것이 좋다					
2	어떤 운동이라도 몇 번만 연습하면 금방 따라 한다					
3	체육시간이 좋다					
4	실외활동을 선호한다					
5	인라인스케이트, 자전거 등을 빨리 배운다					
6	달리기를 잘한다					
7	장시간 운동해도 쉽게 지치지 않고, 즐겁다					
8	한 가지 종목의 운동을 잘하기 위해서 꾸준히 연습하는 것이 싫지 않다					
9	함께하는 운동경기의 룰을 이해하고, 규칙에 따라 활동하는 것을 잘한다					
10	경쟁을 통해 승부를 가리는 것이 즐겁다					

■ **관계기술능력**

1. 거의 아니다 2. 가끔 그렇다 3. 보통 그렇다 4. 자주 그렇다 5. 항상 그렇다

번호	문항	1	2	3	4	5
1	다른 사람의 표정을 보고 생각, 감정을 알 수 있다					
2	다른 사람이 힘들거나 속상할 때 알아챌 수 있다					
3	다른 사람과 잘 어울리는 방법을 알고 있다					
4	인기가 많은 편이다					
5	다른 사람들이 고민이 있을 때 나를 찾는다					
6	사람들 간의 갈등과 다툼을 대체로 잘 해결해준다					
7	다정하고 친절하다					
8	나보다 다른 사람의 생각과 감정을 더 배려한다					
9	주로 도움을 받기보다 도움을 주는 편이다					
10	모임에서 주로 리더 역할을 맡을 때가 많다					

■ **자기이해능력**

1. 거의 아니다 2. 가끔 그렇다 3. 보통 그렇다 4. 자주 그렇다 5. 항상 그렇다

번호	문항	1	2	3	4	5
1	나의 장단점을 알고 있다					
2	나의 생각과 감정을 알기 위해 일기 등을 쓰는 것을 좋아한다					
3	내가 우울해질 때는 어떻게 해야 하는지 알고 있다					
4	내가 화가 날 때는 어떻게 해야 하는지 알고 있다					
5	내가 슬플 때는 어떻게 해야 하는지 알고 있다					
6	실수한 일에 대해서는 반복하지 않도록 반성한다					
7	나의 진로에 대한 고민을 종종 하게 된다					
8	나의 행동이 상황에 적절했는지 종종 생각해본다					
9	철학, 심리학 관련 도서를 읽는 것이 흥미롭다					
10	나의 말과 행동에 책임을 진다					

■ **자연탐구능력**

1. 거의 아니다 2. 가끔 그렇다 3. 보통 그렇다 4. 자주 그렇다 5. 항상 그렇다

번호	문항	1	2	3	4	5
1	내 주위의 자연물들에 대한 관찰력이 뛰어나다					
2	꽃을 가꾸거나 정원에서 일하는 것이 재미있다					
3	야채를 기르거나 밭에서 일하는 것이 재미있다					
4	동물을 기르는 것이 좋다					
5	놀이동산보다 동물원이나 식물원을 더 좋아한다					
6	다큐멘터리 프로그램을 즐겨 본다					
7	동식물에 관련된 책을 즐겨 본다					
8	동식물의 생활에 대한 정보를 잘 기억한다					
9	비슷한 종의 동물들에 대한 구별이 어렵지 않다					
10	자연체험활동을 좋아한다					

각 검사에서 자신에게 가장 적절한 항목에 체크(√ 또는 ○)한 후에, 가장 높은 점수가 나온 것이 강점선호능력이 됩니다.

어떤 사람은 한 가지가 아닌 두세 가지 영역의 점수가 높거나 때로는 대체로 다 높은 점수가 나올 수도 있고, 어떤 사람은 뚜렷하게 높은 영역을 찾을 수 없기도 합니다. 이 검사를 이해할 때 중요한 점은, 상위 2~3개까지 높은 순서로 나타난 것이 자신의 강점선호능력이 될 수 있다는 것이며 하위에 있는 것이 부족해 보충해야 할 부분이라고 생각해서 하위영역들에 집중하는 것은 의미 없을 수 있다는 것입니다.

검사결과 해석 시 자주 듣는 질문

Q. 검사 결과에서 하나만 특별히 높아야 그 영역에 영재성이 있는 건가요? 아니면 높은 부분이 전반적으로 많은 것이 영재성이 있는 건가요?

A. 영재적 속성을 잘 발달시켜 자기 분야에서 성공을 한 사람들을 보면 결과적으로 대부분 여덟 가지 강점선호능력 중 4~5개 이상의 영역에서 전반적으

강점선호능력별 세부내용 및 진로, 직업발달

강점선호능력	내용
언어능력	강점, 선호 : 언어(말과 글)로써 표현하는 능력, 과정이 힘들어도 견딜만큼 좋아함 대표 인물 : 오바마, 셰익스피어, 유재석 진로, 직업 : 소설가, 시인, 정치가, 언론인, 방송인, 변호사, 영업사원 등
논리수학 능력	강점, 선호 : 수, 규칙, 논리적 명제를 이용하는 능력, 과정이 힘들어도 견딜만큼 좋아함 대표 인물 : 아인슈타인, 빌 게이츠, 안철수 등 진로, 직업 : 수학자, 재무관리사, 회계사, 과학자, 컴퓨터 프로그래머 등
시공간능력	강점, 선호 : 그림, 도형, 입체를 구상하고 만드는 능력, 과정이 힘들어도 견딜만큼 좋아함 대표 인물 : 피카소, 월트 디즈니, 앙드레 김 진로, 직업 : 건축가, 화가, 디자이너, 지리학자, 항해사 등
음악능력	강점, 선호 : 음정, 박자, 화성 등 음악요소를 이해하는 능력, 작/편곡능력, 다양한 악기 연주능력, 과정이 힘들어도 견딜만큼 좋아함 대표 인물 : 모차르트, 정명훈, 조수미, 지드래곤 진로, 직업 : 작곡자, 지휘자, 가수, 연주자, 음악치료사 등
신체운동 능력	강점, 선호 : 운동, 무용, 연기 등을 쉽게 익히는 능력, 과정이 힘들어도 견딜만큼 좋아함 대표 인물 : 타이거 우즈, 이사도라 던컨, 채플린, 김연아 진로, 직업 : 운동선수, 무용가, 뮤지컬 배우, 기계공, 외과의사 등
관계기술 능력	강점, 선호 : 공감능력이 높아 대인관계를 잘 형성하는 능력, 과정이 힘들어도 견딜만큼 좋아함 대표 인물 : 간디, 마더 테레사 진로, 직업 : 종교지도자, 교육자, 사회운동가, 상담가, 사회복지사 등
자기이해 능력	강점, 선호 : 자신의 내면을 잘 이해하고 설명할 수 있는 능력, 과정이 힘들어도 견딜만큼 좋아함 대표 인물 : 프로이트와 융, 데카르트, 성철 스님 진로, 직업 : 신학자, 성직자, 철학가, 상담심리치료사, 작가 등
자연탐구 능력	강점, 선호 : 자연, 동식물에 대한 뛰어난 관찰력과 호기심. 과정이 힘들어도 견딜만큼 좋아함 대표 인물 : 파브르, 허준 진로, 직업 : 조경학자, 동물학자, 정원사, 환경론자, 수의사, 천문학자 등

로 높은 점수를 획득하는 경우가 많습니다. 피겨스케이팅 선수인 김연아의 경우에도 직업은 국가대표 피겨스케이팅 선수지만 실제로 노래도 잘하고 춤실력도 빼어날 뿐만 아니라, 동계올림픽 평창유치 등에서 확인했듯이 영어 프레젠테이션도 능숙하게 해냈으며 유니세프 친선대사로 활동하는 등 다양한 영역에서 뛰어난 능력을 보입니다.

Q. 검사 결과 다소 부족한 영역이 있다면 이것을 중점적으로 보완하는 것이 좋은가요 아니면 잘하는 것에 집중하는 것이 좋은가요?

A. 정답이 없습니다. 이는 능력뿐만 아니라 자녀의 성격 및 현재 심리상태까지도 고려해야 하기 때문입니다. 그러나 대체적으로는 잘하는 것에 집중해주어 완성 경험을 반복해서 자신감을 높여주면 부족한 부분에 대해 스스로 노력할 수 있는 '동기'가 생깁니다. 또한 부족한 영역이 있어도 자신의 미래와 전망을 고려할 때 굳이 잘하지 않아도 된다는 것을 자연스럽게 받아들일 수 있는 '심리적 강도'까지 갖출 수 있게 됩니다.

Q. 그러면 차라리 잘하는 쪽만 집중해서 교육을 해야 할까요?

A. 이는 특히 연령(발달시기)이 매우 중요합니다. 잘하는 특정 영역의 능력만 지나치게 강조하는 경우도 자신이 자신 없는 영역에 대한 포기, 자신이 잘하고 의미 있는 것만이 가치 있는 것은 아니라는 것을 받아들이기 힘들기 때문에 주의를 필요로 합니다.

이 검사를 통해 자신이 어떤 영역에서 더 많은 능력과 선호관심이 있는지를 확인한 뒤, 구체적인 능력 수준을 평가하고 싶으면 전문기관 등에서 다양한 검사를 통하여 비슷한 연령에서의 성취율 또는 지능(점수) 등을 측정할 수 있습니다.

① 다중지능 선수검사
② 다중지능 면담검사에서 상위 10% 성취를 보이면
③ 레이븐 지능검사로 발달연령 대비 사고력 수준 측정 후, 상위 10%의 성취를 보이면
④ 웩슬러 지능검사의 구체적인 영역별 IQ 성취점수 확인이 권유됩니다.

전문가 Tip Talk **IQ 점수가 곧 지적능력이다?**

지능검사를 소개하면서 언급했던 것처럼, 가장 일반적으로 사용되고 있는 웩슬러검사의 경우도 실제로 장애/비장애를 분류하기 위한 의학적 검사척도로 사용하고 있는 것을 보아 알 수 있듯이, 상담전문가들은 이러한 지능검사를 '현실적응능력검사'라고 부르기도 합니다.

한 초등학교 고학년 학생의 경우, 학교에서 집중이 어렵고 수업시간에 딴짓을 하고 교사의 지시를 따르지 않아 학습문제와 ADHD가 의심되니 전문기관에서 검사를 받아보라는 담임교사의 권유로 상담센터를 방문하였습니다.

아동 상태에 대한 종합적 점검을 위해 Full Battery 검사를 진행하였는데, 검사에 대한 거부가 심해서 오랜 시간이 걸리고 학습능력이 강조되는 웩슬러검사 대신 레이븐(도형)검사를 실시하였고 이 검사에서 만점을 획득하였습니다. 다만, 이후 이어진 심리학적 평가 등에서는 사회성/관계기술에 다소 어려움이 있는 것으로 나타났습니다.

즉, 또래보다 높은 지능 및 과제집중력(시공간선호지능-만들기 능력) 때문에 학교생활에서 평균적인 학습진도를 따라가는 것이 지루하거나 자신만의 관심 영역에 몰입하는 정도가 커서 규칙을 지키지 못하거나 또래와 타협이 힘든 것으로 보일 수밖에 없었습니다. 이 학생은 지능검사를 포함하는 다양한 영역의 검토를 통해서 현재 적응하지 못하는 모습(문제)에 가려진 진짜 능력을 찾아낼 수 있었던 경우입니다.

전문가 Tip Talk **지능은 변화한다?**

조기교육과 반복학습을 통해 지능이 높아졌다는 말을 많이 듣게 되지만, 한편으로는 초기 유아기에 형성된 인지능력이 오차 범위 내에서 큰 변화를 보이지 않는다는 학계의 의견도 팽팽합니다. 저 역시 오랫동안 아이들을 만나면서 생득적인 '능력'들이 많은 노력을 통해서 발달하고 확장된다고 하더라도 그 표준오차 범위를 넘길 수 없다는 것이 일반적이라는 의견에 동의할 수밖에 없을 때가 많습니다.

다만 이것이 유·아동기에 한두 차례의 지능검사 등을 통해 획득된 자녀의 IQ 점수를 보고 아이의 미래에 대한 계획을 결정하는 어리석은 일을 저질러도 된다는 뜻은 아닙니다.

아래에 제시된 사례의 아동은 입학 전에 부모가 ADHD를 걱정하여 전반적인 심리평가(Full Battery : 인지, 정서, 사회성 및 부모검사 등 모든 검사를 통합적으로 실시함을 의미)를 실시하였습니다. 당시 검사에서 아동은 평균 이하의 지능을 갖고 있다는 결과를 얻었습니다.

4년간 레이븐검사 변화

검사과정	2010년			2011년			2012년			2013년		
	전	중	후	전	중	후	전	중	후	전	중	후
평점	B	Ⓐ	B	A	Ⓐ	B	A	Ⓐ	B	A	Ⓐ	A
지능점수	98점			114점			114점			129점		
성취율	하위 50%			상위 25%			상위 25%			상위 2%		

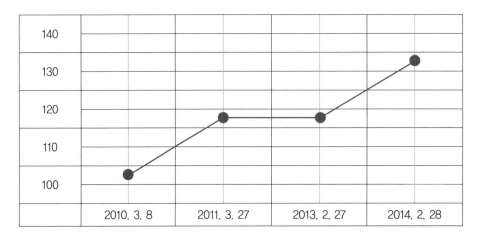

숫자상으로는 이 학생 역시 첫 번째 사례의 학생처럼 현재 가진 행동문제(산만함, 충동성 등)로 인해 검사에 집중하는 데 어려움이 있기는 하지만, 전-중-후

반부로 진행되는 검사의 중반부에 매우 높은 수준(Ⓐ)의 성취 결과를 보였습니다. 이는 아동의 잠재인지능력이 저평가될 수 있음을 시사하므로 장기적으로 꾸준히 게임놀이 치료 및 인지행동(그룹)치료를 병행하면서 아동의 변화를 관찰하였습니다. 그 결과 IQ 점수의 변화라고 보기에는 매우 놀라운 점수 변화를 기록했습니다. 즉 이 학생 역시 4년간에 걸쳐 지능이 높아졌다기보다는 이미 첫 번째 검사에서부터 예상되었던 아동의 잠재되어 있던 능력을 지속적인 믿음과 노력을 통해 찾아낸 경우라고 할 수 있습니다.

성격(기질, 성향, 행동) 체크리스트

개인이 가진 고유한 성질 및 행동양식을 일반적으로 성격이라고 합니다. 가장 흔하게 듣는 말이, "내성적인 것 같은데 은근히 할 말은 다하고, 하고 싶은 것도 많아서 집에서는 엄마를 너무 귀찮게 해요.", "외향적이라 성격도 좋고 해서 상처받을 줄 몰랐는데 주변에서 은근히 예민하다는 말을 들어요." 등의 표현입니다. 실제로 이 문장들 안에는 성격을 구성하는 다른 영역들이 복합적으로 들어가 있습니다.

성격을 이루는 영역은 다음과 같이 나눌 수 있습니다-(1) 기질의 민감성 : 신체감각적, 심리정서적, 그리고 관계적으로 민감한지, 무던한지를 측정합니다. (2) 관심의 방향성 : 과제나 사물에 집중하는지, 사회적 관계에 영향을 더 받는지를

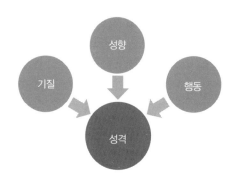

기질 : 타고난 신체감각적, 심리정서적, 그리고 관계적 민감성 정도

성향 : 개인의 관심이 사물 또는 과제에 있는지 아니면 사회적 관계(평가와 인정 등)에 있는지에 대한 방향성

행동 : 개인의 고유한 기질과 성향이 발현되는 경험과 반응방식

측정합니다. (3) 경험과 반응의 방식 : 관심의 대상을 깊이 연구하여 이를 내면적으로 학습하는 것에 비중을 두는지, 직접적인 경험을 통해 체득한 것을 어떠한 형태로든 표현하는 것을 더 좋아하는지를 측정합니다.

나의 성격검사[2] (기질, 성향, 행동검사)

■ 기질의 민감성

1. 보통 그렇다   2. 자주 그렇다   3. 항상 그렇다

항목	내용	1	2	3
무던함	1. 시각, 청각, 후각, 미각, 촉각 등 5감각적 변화를 잘 알아채지 못한다			
	2. 정리정돈이 되어 있지 않거나, 환경의 변화에 크게 예민하지 않고 해야 할 일 등에 집중할 수 있다			
	3. 무엇인가 하고 있을 때에는 낯선 소리가 들려도 개의치 않는 편이다			
	4. 새로운 것을 만지거나 누가 접촉하는 것을 크게 신경쓰지 않는다			
	5. 대체로 집중력이 좋은 편이다			
	6. 조용하거나 에너지가 적다는 말을 듣는다			
	7. 새로운 것을 접해도 크게 내 표현이나 행동의 변화가 없는 편이다			
	8. 방해를 받아도 하던 일을 꾸준히 할 수 있다			
	9. 다른 사람의 표정이나 말을 잘 알아채지 못하는 편이다			
	10. 내 감정의 변화를 알 알아채지 못하는 편이다			

---

[2] 기질, 성격, 심리상태 등을 측정하기 위한 단일검사는 많지만 아동·청소년의 경우 반드시 ① 기질과 ② 성향, 그리고 ③ 현재 반응하는 양식을 함께 측정해야 합니다.

예민함	1. 시각, 청각, 후각, 미각, 촉각 등 5감각적 변화를 대체로 쉽게 알아채는 편이다			
	2. 정리정돈이 되어 있지 않거나, 낯선 시각적 자극에 신경이 예민해진다			
	3. 무엇인가 하고 있을 때도, 낯선 소리(시끄럽거나 어울리지 않는)에 신경이 쓰인다			
	4. 익숙하지 않은 것을 만지거나 누가 접촉하는 것이 편안하지 않다			
	5. 작은 변화에도 쉽게 주의력이 분산되고 다소 산만해진다			
	6. 에너지가 많다는 말을 종종 듣는다			
	7. 새로운 것을 접하면 주변(사람 및 환경)의 반응을 관찰하는 편이다			
	8. 방해를 받으면 하던 일을 지속하기가 힘들어서 한 가지 일을 꾸준히 하기가 어렵다			
	9. 다른 사람의 표정이나 말을 민감하게 살피는 편이다			
	10. 내 감정의 변화를 잘 알아채는 편이다			

■ 관심의 방향성

1. 보통 그렇다 2. 자주 그렇다 3. 항상 그렇다

항목	내용	1	2	3
사물지향	1. 대화를 하더라도 적은 인원이 편하다			
	2. 대화의 초점이 사물이나 생각에 있다			
	3. 말을 할 때 일단 상대방의 이야기를 듣는다			
	4. 편지, 메일 등을 통해 소통하는 것이 좋다			
	5. 낯선 사람들과 이야기하는 것이 어렵다			
	6. 무언가에 집중하고 있을 때는 혼자 있는 것이 훨씬 편안하다			
	7. 타인의 인정보다는 스스로의 만족이 더 중요하다			
	8. 일을 처리할 때 논리적, 우선순위대로 하는 편이다			
	9. 결과중심적이다			
	10. 한 번 시작한 일은 웬만해서는 중단하지 않는다			

관계지향	1. 많은 사람과 대화하기를 즐긴다			
	2. 대화의 초점이 사람과 관계에 있다			
	3. 말을 할 때 내 의사를 먼저 표현한다			
	4. 얼굴을 마주보고 이야기하는 것을 좋아한다			
	5. 낯선 사람들과 쉽게 인사하고 이야기한다			
	6. 일하거나 공부할 때 주변에 사람들이 있어도 크게 영향 받지 않는다			
	7. 타인의 인정이나 평가에 민감하며, 이를 위해 노력한다			
	8. 일을 처리할 때 함께하는 사람들과의 관계, 조화를 우선 시한다			
	9. 과정중심적이다			
	10. 한 번 시작한 일도 관계 때문에 중단할 수 있다			

■ 경험과 반응의 방식

1. 보통 그렇다   2. 자주 그렇다   3. 항상 그렇다

항목	내용	1	2	3
연구 & 함유형	1. 행동하기 전에 일단 생각을 한다			
	2. 조사나 연구를 통해 결과를 검증하거나 정리하는 것을 즐긴다			
	3. 해야 할 일이 있을 때 전화, 모임을 자제한다			
	4. 나의 생각을 잘 표현하지 않는다			
	5. 나의 느낌을 잘 표현하지 않는다			
	6. 내가 아는 것을 가르치는 것이 즐겁다			
	7. 순서에 따라 정해진 일을 처리하는 것이 편안하다			
	8. 과정과 결과를 표현하고 싶어도 내면에 간직하는 쪽을 선택한다			
	9. 조용하고 집중하는 일을 선호한다			
	10. 시행착오를 두려워해서 스스로 만족할 때까지 표현하지 않는다			

훈습 & 표현형	1. 생각하기보다 일단 행동부터 하는 편이다			
	2. 다양한 사람들을 만나서 대화를 나누거나, 활동을 통해 직접 해보는 것이 좋다			
	3. 전화나 사교적 모임을 즐긴다			
	4. 나의 생각을 말이나 동작을 통해 표현하는 편이다			
	5. 나의 감정을 말이나 동작을 통해 표현하는 편이다			
	6. 함께 배우거나 경험하는 과정 자체가 즐겁다			
	7. 순서에 따라 정해진 일을 하기보다 그때그때 즉각적으로 해결한다			
	8. 과정과 결과를 표현함으로써 다른 사람과 공유하는 것을 좋아한다			
	9. 다양하고 활동적인 일을 선호한다			
	10. 시행착오를 즐긴다			

각 항목에 해당되는 칸에 체크한 후에 ① 계산된 점수를 기록하고, ② 기질(I vs S), 성향(O vs R), 행동(C vs E) 영역별로 더 높은 점수가 나온 유형에 O 하면, 그것들의 통합이 나의 성격유형이 됩니다.

	기질		성향		행동	
	무던함	예민함	사물지향	관계지향	함유형	표현형
① 나의 점수						
② 유 형	I	S	O	R	C	E

나의 성격유형	–	–

자신의 성격유형이 어떻게 나왔는지 확인했으면, 이를 어떻게 해석하고 적용할 수 있는지 알아볼 수 있습니다. 단, 매우 축약된 형태이므로 조금 더 자세한 결과를 얻기 위해서는 기질, 성향, 행동 각 영역별로 전문적인 검사를 받을 수 있습니다.

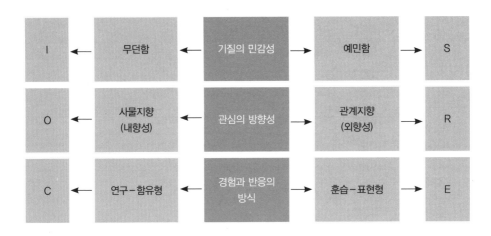

IOC	IOE	IRC	IRE
자신이 하는 일에 말없이 집중하며, 사람이나 상황에 크게 영향을 받지 않아 과제집중력이 뛰어나다–평론가, 지리학자, 회계사, 관리직 등	사람과 환경에 대한 적응이 높고, 집중력이 좋다. 절제된 호기심으로 관찰한다. 실험을 즐긴다–기계 관련직, 운동선수, 관리직 등	구체적이고 사실적이며, 자기보다 타인을 배려할 수 있으며, 인내심이 많아 조화를 중요시한다–간호사, 성직자, 사회복지사 등	따뜻하고 사교성이 풍부하여 주위를 편안하게 해주는 능력이 있다. 수용적이며 낙천적이다–판매직, 영업직, 비서직 등
SOC	SOE	SRC	SRE
민감하고 호기심이 많아 창의적이며, 자신만의 과제에 대한 집중력이 높아 독창적 아이디어가 많다–발명가, 시인, 정치가 등	신중하고 자신의 선호나 가치관이 뚜렷하며 이를 다른 사람에게 전달하는 설득력이 뛰어나다–언론인, 사업가, 방송인 등	관심영역이 넓으며 많은 사람과 함께 하기를 즐기지만, 겸손하며 이를 타인에게 전달하는 능력이 있다–심리치료사, 상담사 등	정열적이고 독창적이며, 리더십과 쇼맨십이 강하고, 다방면에 관심과 특별한 재능이 많다–교사, 연예인, 예술종사자 등

이는 간편화된 척도이므로 정확한 결과를 위해서는 전문기관에서의 영역별 세부 검사가 필요합니다. 또한 성격은 변할 수 있으므로 참고용으로 사용하기 바랍니다.

전문가 Tip Talk ## 강점선호능력과 성격의 관계

예를 들어 "나는 음악을 좋아하고 잘해."라고 하는 사람이 있다고 하면, 일단 그 부모님은 그 동네에서 제일 잘한다고 소문이 나 있는 학원을 찾는 데 가장 많은

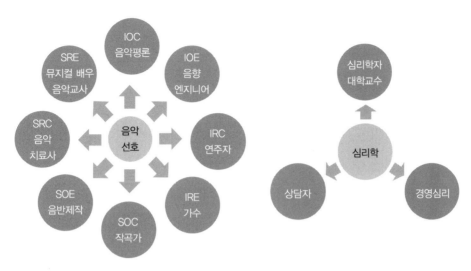

강점선호능력과 진로적성발달 관계

시간과 에너지를 투자합니다. 하지만, 음악을 좋아하면서(음악선호능력) 나의 기질, 성향, 경험 및 반응방식(성격), 그리고 부모를 포함하는 환경적 요인들에 의해서 달라지는 직업은 그 유형별로만도 무수히 많습니다.

더 구체적으로 구분한다면, 오른쪽의 예처럼 자신의 강점선호능력을 찾아내고 이를 구체적인 진학/미래의 진로와 연계해 나가는 과정에서 (1) 학자/연구자형(scholar), (2) 실행가형(practitioner), 그리고 (3) 비즈니스형(manager)으로 나뉠 수도 있습니다. 즉, 관계기술능력과 자기이해능력이 높아서 심리학을 선택했다고 하더라도, 이론을 연구하는 학자, 이를 현장에

꽃과 어린왕자 ─ 아이가 가진 강점선호능력은 씨앗과 같아서 좋은 토양, 건강한 돌봄을 제공할 수 있는 보호자와의 관계, 그리고 따뜻하고 안전한 환경이 제공되는 과정을 통해 발휘될 수 있습니다.

서 적용하는 상담심리치료사, 그리고 이러한 연구결과를 기업경영에서 직원관리, 관리자교육 등에 활용하는 기업경영컨설팅 등 다양합니다.

다음 장에서는 자신의 강점선호능력을 발견한 다음 발달시켜 가는 과정에서 평생에 걸쳐 영향을 미치는 개인의 심리정서와 부모 양육에 대해서 살펴보고자 합니다.

정서-행동 체크리스트

자신의 능력과 성격을 이해한다고 하더라도, 이에 못지않게 자신이 속해 있는 상황과 사회적 환경에서 발생하는 심리정서적 상태를 이해하는 것 역시 중요합니다. 최근에 많은 부모님들이 자녀들이 스트레스를 '받는' 것에 대해서 걱정하지만, 저는 상담상황에서 스트레스를 받을까 봐 노심초사하는 부모의 모습을 보면 아이들은 더 불안하고 긴장되는 등 스트레스 상황이 된다고 말하기도 합니다. 즉 '스트레스를 안 받는 것(stress-less)'이 중요한 것이 아니라, '스트레스를 어떻게 다루는지(handling)' 가르쳐 줄 것인지가 더 중요합니다. 이는 매 상황에 대한 모범답안이 있는 것이 아니라 반드시 시행착오를 통해 외부에서 스트레스가 왔을 때 어떤 반응을 느끼고(신체적 반응, 정서감), 이에 대해서 자신이 어떻게 반응하는지(행동)를 알고 적절한 반응의 빈도를 늘려 나가도록 하는 '과정'이 중요합니다. 각종 심리검사 등을 통해 현재 내 심리상태가 어떤지를 확인하는 궁극적인 이유는, 자신이 자신의 능력과 성격의 강점을 십분 발휘할 수 있는 상태인지를 확인하고, 이를 위해 어떤 노력을 할지를 결정하기 위한 최초 단계이기 때문입니다.

정서행동검사[3]

■ 과제집중력

1. 거의 아니다 2. 가끔 그렇다 3. 보통 그렇다 4. 자주 그렇다 5. 항상 그렇다

번호	문항	1	2	3	4	5
1	건망증이 심해져 물건 챙기기를 자꾸 잊어버린다					
2	주변의 재촉(잔소리)을 들어도 과제(일)에 집중하기 어렵다					
3	생각을 깊이 하는 일을 하고 싶지 않다					
4	한 가지 일에 집중하는 시간이 짧아졌다					
5	늘 하던 일상적, 규칙적 일과도 잊어버린다					
6	쉬운 과제(일)도 실수를 한다					
7	집중하려 해도 자꾸 딴생각이 나서 산만하게 다리를 떨거나, 손이나 몸을 뒤트는 등 태도가 흐트러진다					
8	계획한 일을 끝까지 마치지 못한다					

■ 우울감

1. 거의 아니다 2. 가끔 그렇다 3. 보통 그렇다 4. 자주 그렇다 5. 항상 그렇다

번호	문항	1	2	3	4	5
1	문득 슬퍼지거나 쉽게 눈물이 나려고 한다					
2	걱정이 많아서 어떤 결정이나 행동을 하기 어렵다					
3	갑자기 멍해질 때가 있다					
4	지나치게 조용하다					
5	기운이 없어 보인다고 한다					
6	다른 사람에게 관심이 없다					
7	불행하다고 느낀다					
8	미래를 생각하기 어렵다					

---

[3] 정서적 부적응행동 및 ADHD 증상을 측정하는 검사들은 내용 및 측정된 점수가 한정적이라 일상 영역이나 교육현장에서 심리적 안정성을 측정하기는 다소 부적절하므로, 가장 많이 사용되는 하위 영역들 중에서 내용을 일반화하고 다양한 연령층별 평균점수를 측정하여 제시함으로써 참고용, 사전검사용으로 사용할 수 있습니다.

■ 불안정성

1. 거의 아니다 2. 가끔 그렇다 3. 보통 그렇다 4. 자주 그렇다 5. 항상 그렇다

번호	문항	1	2	3	4	5
1	상대방이 듣지 않는데도 계속 말을 많이 한다					
2	상대방이 말을 끝내기도 전에 내 말을 하게 된다					
3	보통 이상으로 기뻐한다					
4	보통 이상으로 슬퍼한다					
5	보통 이상으로 화낸다					
6	'그만하라'는 말을 들어도 말을 멈추기 힘들다					
7	끊임없이 무엇인가 하지 않으면 불안한 느낌이 든다					
8	잠들기 어렵고, 잠들어도 숙면을 취하기 힘들다					

■ 과잉활동/충동성

1. 거의 아니다 2. 가끔 그렇다 3. 보통 그렇다 4. 자주 그렇다 5. 항상 그렇다

번호	문항	1	2	3	4	5
1	성급하게 행동이 앞서서 다른 사람을 방해하게 된다					
2	타인의 물건을 양해를 구하지 않고 먼저 사용한다					
3	물건을 던지거나 부수는 등 망가뜨린다					
4	다른 사람을 때리거나, 밀치거나, 툭툭 건드린다					
5	다른 사람을 위협하는 말과 동작을 취한다					
6	신체적 다툼을 한다					
7	다른 사람을 성가시게 해서 화나게 만든다					
8	쉽게 짜증을 낸다					

■ **적대성/반항성**

1. 거의 아니다 2. 가끔 그렇다 3. 보통 그렇다 4. 자주 그렇다 5. 항상 그렇다

번호	문항	1	2	3	4	5
1	쉽게 화를 내게 된다					
2	타인(성인)과 말다툼을 벌이게 된다					
3	나의 실수와 잘못이 다른 사람 때문인 것 같고 억울해서 잘못을 인정하기 힘들다					
4	지시에 따르는 것이 싫어서 거부한다					
5	다른 사람의 행동에 예민해지고 짜증이 난다					
6	화를 내고 나서 후회하지만, 사과하기 힘들다					
7	나를 화나게 한 사람에게 되갚아주려고 한다					
8	이유 없이 머리가 아프거나 배가 아픈 일이 잦다					

① 자신이 각 항목별로 체크한 점수를 합산해서 그 점수를 아래 표에 기록합니다.

	과제집중력	우울감	불안정성	과잉활동/충동성	적대성/반항성
합산 점수					

② 뒤페이지 표에 연령별로 적힌 숫자는 절단점으로, 상한선 점수입니다. 즉 성인이 검사를 하고 체크한 과제집중력 점수가 24점이 나왔다면 절단점(32점) 이하에 있으므로 과제집중력이 안정되어 있음을 의미하며, 34점이 나왔다면 절단점(32점)을 넘어가므로 현재 과제집중력이 우려할 수준으로 어려움을 느끼고 있을 가능성이 높습니다.

이렇게 계산했을 때, 두 가지 영역 이상이 절단점을 넘어가거나 한 가지만 넘어가더라도 그 점수가 절단점을 크게 상회하는 경우에는 반드시 현재 정서-행동상태에 대한 면밀한 관찰 및 점검이 필요하므로, 부모님의 관심과 전문가의 도움을 고려해보시기 바랍니다.

	과제집중력	우울감	불안정성	과잉활동/ 충동성	적대성/ 반항성
4~7세	24	26	22	22	21
학령기	27	29	29	24	29
성인	32	32	30	34	31

이 심리검사는 간편척도이므로 참고용입니다. 검사 목적이 '내가 얼마나 문제가 있는지'를 확인하기 위해서가 아니라 '나의 강점선호능력을 꽃피우기에 적당한 상태로 건강한지'를 확인하기 위함임을 잊지 말아야 합니다.

전문가 Tip Talk 동반자 행동

심리정서감을 측정하면서 또한 고려해야 할 부분이 있습니다. 바로 최근에 성격-성격장애를 연구하는 학자들 사이에서 관심의 대상이 되는 애착이론에 근거한 동반자 행동입니다. 애착을 형성-완성하는 만 3세 시기까지의 애착의 형태에 따라 이후 만 7세까지 자신만의 고유한 관계행동 특성을 보이게 되는데 이를 '동반자 행동'이라고 합니다. 즉, 애착대상(주양육자)의 입장을 고려할 줄 알게 된다는 의미이기도 합니다. 그러나 고려한다는 것 역시 긍정적, 부정적 의미가 있습니다. 동반자 행동의 대표적 유형으로는 세 가지가 있습니다.

① 안정형 : 편안해 보이며, 대체적으로 모든 상황에서 긍정적, 부정적 정서를 표현함
② 방어형 : 자신의 생각과 감정을 누르고 지나치게 순응함
  (예) 착한 아이 콤플렉스
③ 강압형 : 자신의 생각과 감정을 부적응적 행동으로 표현함
  내숭-부모가 아무것도 하지 못하게 옆에 두려 함
  처벌-엄마가 무안한 상황을 의도적으로 연출해서 벌주려 함
  무기력증-아무것도 하지 않으려고 함. 자기비하 등

특별히 민감하거나 불안한 자녀들의 경우, 부모가 다소 불안정한 경우(긴장, 불안 등)에도 자신의 강점을 발휘해 스스로 자기조절을 통해 심리적인 조율감을 유지하기도 합니다. 긍정적인 영향력이지요. 반면, 방어형 또는 강압형으로 나타나면 일반적인 아이들에 비해 ① 그 빈도가 잦거나 ② 그 강도가 훨씬 큰 경우가 많아서 조절하기 어려운 경우가 있을 수 있습니다.

전문가 Tip Talk 수동공격성과 청소년의 우울

공격성(aggression)이란 타인에게 언어적, 신체적, 그리고 재물에 대해 다양한 방법으로 위해를 가하는 것을 의미합니다. 일반적인 공격행동은 능동적인 공격입니다.

공격성은 부정적인 의미로만 해석되는 경우가 많지만, 삶을 건강하게 유지하기 위한 에너지로 보는 경우도 많습니다. 즉 '건강한 공격성'이라고 하는 도전정신과 경쟁의식 등은 유·아동이 부모로부터 심리적 독립을 하는 데도 필요할 뿐만 아니라, 유치원/학교생활 또래관계, 그리고 이후 사회생활에서 필요한 적극적인 행동이 가능하게 하는 원동력이 되기 때문에 반드시 필요하기도 합니다. 즉, 자신의 강점을 가지고 사회에서 성공하기 위해 반드시 필요한 것 중 하나가 건강한 공격성일 수 있습니다. 다만 이러한 건강한 공격성이 적절한 방법으로 해소되지 않을 때 부적응행동으로서 공격성이 나타나는 것입니다.

한편, 공격방식은 능동적인 공격만 있지는 않아서 일반적이고 직접적인 공격으로 상대에게 영향을 미치지 못할 때, 불만과 분노를 직접적으로 드러내지 못하고 간접적이거나 소극적으로 표현하게 되는데 이를 '수동공격성'이라고 합니다.

예로 마하트마 간디의 '비폭력운동'을 들 수 있습니다. 영국의 지배하에 있던 인도였기에 무력투쟁 등의 일반적인 방식으로는 더 큰 보복을 당할 수 있기 때문에 영국에서 기대하고 바라는 방식을 간접적으로 거부하는 방식을 선택한 것이지요.

이러한 수동공격성은 약자가 강자에게 자신의 의사와 정서를 직접적으로 표현하지 못하는 상황일 때 주로 선택하는 방법으로, 영국 대 인도, 부모 대 자녀, 시어머니 대 며느리, 상사 대 부하직원 등 다소 경계가 명확한 관계에서 나타날 수 있습니다. 수동공격성의 또 다른 우려점은, 이러한 수동공격의 상태를 오래 지속한 사람은 만성적인 우울감을 느끼기 쉽다는 것에 있습니다.

현대 아동·청소년을 이해하는 데 이 수동공격성과 우울감은 매우 중요한 정서－행동반응의 결과가 됩니다. 아동·청소년은 부모나 사회적 환경에서 만나는 성인들(교사 등)에 비해 절대적인 약자입니다. 부모와의 갈등이 발생하면 원치 않지만 부모의 의견을 따라야 할 때가 많습니다. 그럴 때 위에 언급한 다양한 동반자 행동이 나타나며 이를 적절한 방법으로 표현하게 하지 못할 때 수동공격적 행동이 지속될 수 있습니다.

특히 어려서부터 지나친 학습 및 과제에 대한 압력을 받은 아동·청소년의 경우 빈둥거리거나 늑장부리거나(과제 지연), 고의적으로 무능하게 보이거나(학습 거부), 자신에 대한 비하(자신감 저하) 등이 나타나게 되며, 이 과정에서 부모에 대해 형성된 억압된 부정적 정서감이 내면화되면 만성적인 우울감을 느끼게 됩니다.

"우리 아이가 아무것도 하지 못하는 상태인데 아무래도 우울증인 건 아닌지 걱정이 돼요."라며 상담을 오는 경우가 많은데, 면밀한 심리평가의 결과 우울증이 원인인 경우도 있지만, 기질과 정서표현의 성향 때문에 고착된 수동공격성이 원인인 경우도 종종 발견하게 됩니다. 이런 경우가 더 안타깝고 위험한 이유는 이러한 상태에 빠진 아동·청소년 당사자조차 '모든 것이 나의 우울감 때문이야. 난 아무것도 할 수 없을 거야.'라는 등 우울을 모든 문제의 원인으로 삼아 쉽사리 회복을 위한 노력을 하지 않기 때문이다. 이는 뇌가 일으킨 착각일 수 있다는 것을 모르는 상태의 지속(인지왜곡)입니다.

이럴 때 왜 우울하게 되었는지를 알고 자신의 수동공격적 심리를 인지하며(그

대상이 누구이고, 왜 생긴 것인지), 이를 해결할 수 있는 다른 방법이 없는지를 찾는 적극적이고 구체적인 방법을 찾기 시작하면서 긴 우울과 무기력에서 벗어나는 경우를 만나게 됩니다. 다만, 연령이 어린 아동의 경우는 이 과정이 길지 않을 수 있지만, 오랜 기간 동안 자신의 상태에 대한 자각과 노력이 이루어지지 않아 이미 성격이 형성된 청소년의 경우에는 단기간의 교육-지시적 상담만으로는 해결이 힘듭니다. 최근에는 이렇게 부모-자녀관계뿐만 아니라 아동 · 청소년의 사회적 상황에서 이슈가 되는 은따, 왕따 등 부정적 하위문화 역시 이러한 수동공격성의 군중심리행동의 결과로 보고 지속적인 연구가 이루어지고 있습니다.

03

원석 세공하기

부모는 누구인가?

다양한 부모학, 부모교육이론에서 부모의 유형을 다른 이름들로 나누고 있지만, 그 분류의 기준을 들여다보면 크게 다르지 않은 공통점이 있음을 알게 됩니다. 그것은 바로 '자유'와 '제한'의 여부 및 그 정도에 따라 분류하고 있다는 것입니다.

저마다의 다양하고 드라마틱한 연애사를 가지고 결혼한 부부들임에도 불구하고 부모가 되고 나서는 대체로 네 가지 형태의 부모 유형[1]으로 나뉘는데, 이때 가장 결정적인 요소가 (1) 자녀에게 얼마만큼의 자유를 제공하고 (2) 제한을 설정할수 있는지에 달려있는지라는 것은 그 단순함 뒤에 '얼마만큼'이라는 정도의 차이가 얼마나 중요한지 또한 말하고 있습니다. 이는 좋은 아이가 되는 것도 훌륭한 부모가 되는 것도 결국은 같은 과정 안에서 이루어질 수 있다는 의미이므로 이러한 과정이 건강하게 잘 진행될 때 사회적으로 자신의 능력을 발휘하는 유능하고 건강한 성인의 성장 역시 촉진될 수 있을 것입니다.

부모의 유형

(1) 강압형 : 자녀에게 제한을 많이 하되 자유는 허용치 않는 편입니다. '내 아이는 내가 잘 안다'는 믿음이 강하며, 주로 명령하고 지시하는 형태의 의사소통이 주를 이루고, 체벌 등의 강한 훈육 역시 필요악이라고 합리화합니다.

(2) 회유형 : 자녀에게 제한을 하기보다는 자유를 더 많이 제공하는 편입니다. 최근에 민주적인 부모형이 강조되면서 흔히 "나는 민주적인 부모예요.", "나는 친구같은 부모가 되고 싶어요."라고 하는 부모 중에서 많이 발견되는데, 자녀의 의사와 감정을 존중함이 지나쳐서 발달연령에 적절한 경계와 규칙이나 단호한 훈육을 제공하는 데 실패하는 경우입니다.

----

[1] Baumrind(1967)는 권위주의적 태도, 민주적 태도, 허용적 태도로 구분하였으나, 다양한 발달단계의 자녀를 둔 부모들에게 단어적 합성을 조사하여 재구성한 이름과 수정-보완된 내용으로 구성하였습니다.

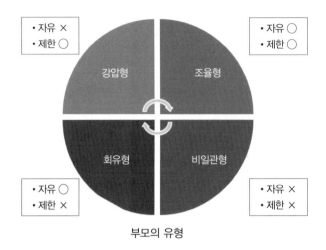

부모의 유형

(3) 조율형 : 자녀에게 시기적절한 자유와 제한을 제공하는, 이상적인 유형입니다

(4) 비일관형 : 비일관형의 경우, "저는 자유와 제한을 제공하고 있어요. 일관되지 않아서 그렇지요."라고 말하는 경우입니다. 즉 시기적절하지 않게 제공되는 자유와 제한은 없는 것과 같은 역할을 하게 됩니다. 또한 부모 개인의 심리사회적 이유로 인하여 자녀의 양육에 관심을 기울일 수 없는 경우 역시 포함됩니다.

부모 유형 검사

■ 강압형

1. 거의 아니다 2. 가끔 그렇다 3. 보통 그렇다 4. 자주 그렇다 5. 항상 그렇다

번호	문항	1	2	3	4	5
1	가족의 규칙을 엄격하게 적용한다					
2	자녀가 무엇을, 어떻게, 언제 할지 알려준다					
3	내 자녀는 내가 잘 알고 있다고 생각하며 반대의견은 부모에 대한 도전이라고 생각해서, 의사결정 시에 아이의 의견을 듣지 않는 편이다					

4	자녀의 행동 결과를 중요시한다					
5	자녀가 분노, 불안 등 부정적 감정을 표출하는 것을 허락하지 않는다					
6	잘할 때도 더 잘하라고 훈계, 지시한다					
7	잘못하면 처벌하고 비난한다					
8	체벌도 상황에 따라 필요하고 가능하다고 생각한다					

■ 회유형

1. 거의 아니다 2. 가끔 그렇다 3. 보통 그렇다 4. 자주 그렇다 5. 항상 그렇다

번호	문항	1	2	3	4	5
1	규칙이 있지만 예외규정이 더 많다					
2	아이의 자유와 자신감을 존중한다는 말을 자주 사용하면서 아이에게 결정권을 넘긴다					
3	자녀의 떼씀에 결국 원하는 것을 들어주게 된다					
4	자녀가 괜찮다고 해도 계속 걱정하고, 배려하고, 도와주려고 한다					
5	훈육은 비인간적이라고 생각한다					
6	좌절하고 스트레스를 받는 자녀를 생각하면 마음이 아파서 부모가 할 수 있는 도움을 주려고 한다					
7	때로는 극단적으로 화를 내거나 벌을 주고 금방 후회하고, 죄책감을 느끼며 더 잘하려고 한다					
8	잘못된 행동도 이유가 있으니 공감해주어야 한다고 생각해서 허용하게 된다					

■ 조율형

1. 거의 아니다 2. 가끔 그렇다 3. 보통 그렇다 4. 자주 그렇다 5. 항상 그렇다

번호	문항	1	2	3	4	5
1	가족의 규칙이 명확하며, 이를 지키는 것은 자녀뿐만 아니라 부모도 함께 하는 것이다					

2	자녀의 정서적 부적응행동을 정상적 발달에 수반하는 과정으로 볼 수 있다					
3	자녀의 자발성을 허락하여 실패를 경험하게 한다					
4	자녀의 기질과 성향을 이해할 수 있다					
5	자녀의 장점뿐만 아니라 단점도 인정할 수 있다					
6	자녀가 잘못을 할 때 단호하게 훈육할 수 있다					
7	자녀와 갈등상황에서 대화로 해결할 수 있다					
8	자녀의 의견이 부적절하거나, 결과가 부족할 때도 일단 경청하고 기다려줄 수 있다					

■ 비일관형

1. 거의 아니다 2. 가끔 그렇다 3. 보통 그렇다 4. 자주 그렇다 5. 항상 그렇다

번호	문항	1	2	3	4	5
1	부모 자신이 심리적으로 불안정해서 자녀에게 관심을 주기 어렵다					
2	행동 및 과제의 실패를 보고도 적절하게 처벌하기보다 비난한다					
3	행동 및 과제의 성공을 보고도 적절하게 칭찬하기보다는 비아냥거린다					
4	자녀를 의심한다					
5	자녀를 거부한다					
6	자녀의 행동에 따라서라기보다 부모 자신의 상태에 따라 양육태도가 변한다					
7	부모의 제일 큰 역할은 의식주 해결이므로, 이것만 문제없으면 부모의 역할은 다한 것이라고 생각한다					
8	부모 자신이 힘들어서 자녀에게 최선을 다하지 못한 것은 납득할 만하므로 이해되어야 한다고 생각한다					

　　각 검사에서 자신에게 가장 적절한 항목에 체크(√ 또는 ○)한 후에, 가장 높은 점수가 나온 것이 자신의 부모 유형이 됩니다.

　조율형이 이상적이기는 하며 많은 부모가 그렇게 되기를 갈망합니다. 그러나 실제로는 이전의 부모세대는 강압형이 압도적이었다면 최근에는 허용형이 많습니다. 일반적으로 강압형이나 회유형이 다소 높으면서 조율형을 지향하는 비율이 가장 평범한 부모의 모습이라고 보시면 됩니다. 위에서 살펴본 부모 유형마다 나타나는 자녀의 행동특성과 부모에 대한 권유사항을 간단히 살펴보고자 합니다.

부모 유형	강압형
자녀 특성	• 자율성과 자발성이 부족해서 위축되어 있다 • 긴장과 불안감이 높다 • 잘해도 더 잘하기를 바라는 과잉기대 때문에 완벽하려고 한다 • 지나치게 순종적이거나, 갑자기 반항적인 행동을 한다 • 지시, 지적을 싫어하지만 창의적으로 무언가를 하기를 꺼린다
권유사항	• 구체적인 칭찬과 과정에 대한 격려를 많이 한다 • 신체적, 언어적으로 애정을 표현한다 • 실수와 실패를 과정으로 인정하고 기다려준다 • 옳고 그름을 너무 강조하지 않는다

부모 유형	회유형
자녀 특성	• 감정의 기복이 심하다 • 쉽게 좌절하고, 갈등을 해결하기보다 포기하려고 한다 • 의존적이며 자기비하적이다 • 책임지지 않으려 하고, 남 탓(부모, 동생 탓)을 많이 한다 • 싫증을 잘 내고, 학습 등의 과제에 대한 집중도가 낮다
권유사항	• '친구같은' 부모가 되더라도, '친구'가 되는 것은 적절하지 않다 • 일관된 기준에 따라 훈육도 필요하다 • 부모가 단호함을 기른다. 즉 단호함과 무섭게 대함이 다름을 안다 • 자녀가 힘들어하거나 도움을 청할 때 도와주지 않고 기다릴 수 있도록 부모불안을 다스린다

부모 유형	비일관형
자녀 특성	• 애착 형성에 어려움이 발생한다 • 긴장과 폭발적 감정표현이 반복적으로 나타난다 • 보호받아야 하는 성인에게조차 적대감을 드러내는 등 불신감이 높다 • 약속이나 책임 등 타인과의 관계에서 발생하는 과정에 무관심하다 • 사회적 기술이 부족할 뿐 아니라 시도도 적다
권유사항	• 자녀를 위해 부모가 건강해야 하지만, 부모의 심신이 건강하지 않을 때에도 자녀를 보호할 책임이 있음을 기억해야 한다 • '알아서 하겠지' 하고 내버려 두지 않고 칭찬과 훈육 등 양육개입을 위해 노력한다 • 자녀에게 관심과 주의를 기울인다

전문가 Tip Talk 부모의 애착유형과 양육태도의 관계

부모 유형 및 양육태도에 영향을 주는 요소 중에서 자녀 자체의 영향(기질, 능력, 심리상태 등)뿐만 아니라 부모 자신의 애착유형이 지속적으로 영향을 줄 수 있음은 이미 수많은 심리학자들이 증명을 하였습니다. 다만, 이렇게 영향을 받기도 하지만 성장과정에서 새로운 누군가를 만나고, 건강한 애착관계를 재경험하면 과거의 불안정한 애착유형을 회복할 수 있는 기회가 된다는 연구도 최근에 활발하게 진행되고 있습니다. 이러한 맥락에서 성인, 즉 부모 자신의 애착유형을 이해하는 것 역시 자녀와의 관계 및 자녀의 건강한 성장을 촉진하는 데 도움이 될 수 있습니다.

이러한 성인 부모의 애착유형은 실제로 부부관계 및 자녀와의 관계에 직간접적으로 영향을 미치게 됩니다. 예를 들어 집착형 부모는 아이에게 간섭적이고 감독적인 양육태도를 취하기 쉽고 거부형 부모는 아이에게 허용적인 양육태도를 취할 수 있습니다. 자녀의 영재적 속성을 건강하게 발달시켜 꿈과 연결, 진로를 결정하는 데 부모의 양육태도, 기대감과 가치관 등은 매우 중요한 영향력을 가집니다.

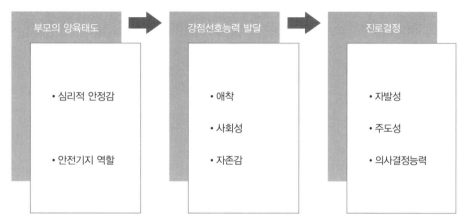

부모의 양육태도와 자녀의 강점선호능력 및 진로발달 관계

이렇게 자녀의 전 생애에 걸쳐 건강한 발달을 촉진하는 양육태도[2]를 측정하기 위한 도구도 많이 개발되어 있으며, 세부적으로 여덟 가지 요소가 있습니다.

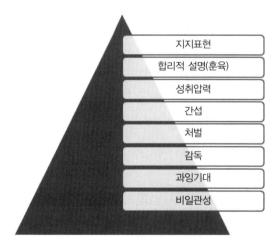

부모의 양육태도 하위요소

이 책에서 소개된 다양한 검사들을 직접 진행하고 싶다면 최근에 몇몇 전문사이트에서 제공하고 있는 온라인 검사를 해보셔도 됩니다. 그러나 결과 해석의 경우 고려해야 할 사항이 많습니다. 온라인 검사결과 해석지가 이해가 아닌 오해를 부르는 경우를 상담현장에서 종종 만나게 되는지라, 반드시 인증된 상담심리치료사가 있는 상담기관에 검사를 의뢰하셔서 그 결과에 대한 적절한 해석과 이해를 하기를 바랍니다.

동상이몽

부모는 내 자녀이기 때문에 누구보다도 나와 닮았고, 그래서 나와 닮지 않았으면 하는 부분이 있다는 것을 압니다. 또한 부모는 내 자녀이기 때문에 누구보다 내 자녀를 잘 알지만 또 모른다고도 합니다. 실제로 상담을 하면서도 부모는 '걱정이 되어서' 또는 '나를 너무 닮아 있어서 나와는 같은 실수를 하지 않게 하기 위해서' 도움을 주려 했지만 정작 자녀는 '끊임없이 믿지 못하는' 부모라고 생각해서 좌절하는 경우가 많습니다. 이러한 상황은 가족모래놀이평가에서도 관찰할 수 있습니다.

최근 미디어 등을 통해 모래상자를 매개로 해서 사람의 심리를 관찰하거나, 실제로 심리치료의 과정으로 사용하는 것을 볼 수 있습니다. 이것은 1929년 영국의 소아과 의사 Margaret Lowenfeld가 어른과는 달리 아이들은 언어적 상담과정을 통한 해석과 깨달음 없이 단지 '노는 과정을 통한 반복적인 훈습'만으로도 치료적일 수 있다는 것을 강조하면서 어린이를 위한 심리치료로 '세계기법'을 창안한 뒤, 스위스의 Dora M. Kalff 여사가 모래놀이치료 이론의 근간이 되는 분석심리학을 집대성한 Carl G. Jung의 이론을 아동심리치료에 적용하면서 (1) 모래상자치료와 (2) 모래놀이치료로 발전하게 되었습니다.

(1) 모래상자치료(Sand in Therapy)

　모래와 모래상자에 쓰이는 피규어들의 사용 자체에 의미와 초점을 두고 심리치료에 적용하는 방법. 주로 심리평가의 한 방법이나 언어적 상담의 보완적 매체로서 사용된다.

(2) 모래놀이치료(Sand as Therapy)

　모래와 모래상자, 그리고 피규어가 가진 상징과 변화과정에 초점을 두고, 내담자중심의 비언어적 상호작용을 강조한다. 이때 상담자는 내담자가 모래상자 위에 표현되는 자신의 무의식을 알아채고 심리 내적 변화를 일으킬 수 있도록 안전한 환경을 제공하는 역할을 강조하는 심리치료 방법이다.

　심리평가의 한 방법으로 모래놀이평가를 실시하기도 하는데, 첫 번째 상자는 자녀 혼자서 모래상자를 꾸미고 두 번째 상자는 부모와 함께 꾸미게 됩니다. 몇 가지 사례를 통해서 부모-자녀관계가 어떻게 모래상자에서 나타나는지를 살펴보겠습니다.

사례 1

첫 번째 상자는 '길 잃은 강아지'라는 제목으로 꾸며진 초등학교 저학년 여자아이의 모래상자입니다. 코끼리 앞쪽에 작은 갈색 강아지가 있는데 왼쪽 위에 있는 어미개를 잃어버려서 찾고 있던 중에 떼를 지어 이동하는 동물가족을 만나서 무섭고 두려운 상태라고 했습니다. 첫 번째 상자를 꾸민 직후에 가족이 함께 '평화로운 마을'이라는 제목으로 만든 두 번째 상자는, 울타리를 중심으로 위쪽에 편안한 전원생활을 꿈꾸는 아빠와 어린 시절의 꿈을 잃고 결혼생활에 만족하지 못하고 우울감을 느끼는 엄마와 떨어져서 자녀는 누구도 도와주지 못해 환상 속에 있는 요정의 보살핌을 받는 아기를 표현했습니다.

　실제로 이 가정의 부모는 결혼 직후 유학 → 출산 → 귀국 → 부모직장 분리 등으로 결혼한 이래 함께 산 적이 없이 주말부부를 하고 있으며, 앞으로도 이혼은 하지 않지만 함께 살 의지가 전혀 없는 상태였습니다. 그리고 외부적으로 보기에

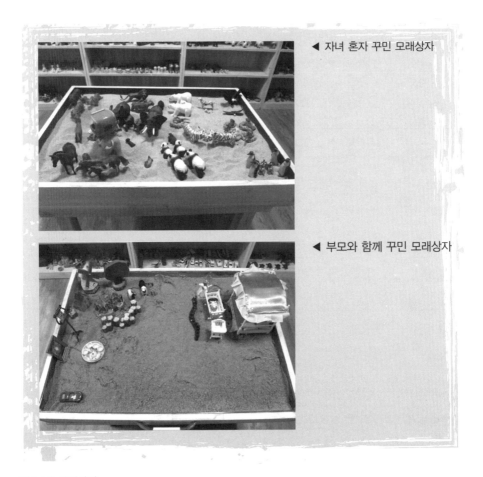

◀ 자녀 혼자 꾸민 모래상자

◀ 부모와 함께 꾸민 모래상자

사례 1의 모래상자

는 부부관계 및 부모-자녀관계에서 전혀 어려움이 없어 보였지만, 부모의 정서적 거리감과 엄마의 지나친 집착과 과잉기대로 인해 자녀가 학교입학 및 적응, 학습 능력 등에서는 문제가 없어 보였지만 억압된 불안과 분노감, 가끔 폭발적인 분노 표출과 아이답지 않은 감정기복이 우려되어 심리평가를 진행한 사례입니다.

사례 2

첫 번째 상자는 '엄마를 찾아주세요'라는 제목으로 놀이공원에서 길을 잃은 짱구를 초등학교 저학년 남자아이가 꾸민 모래상자입니다. 두 번째 상자는 '놀이공원'

◀ 자녀 혼자 꾸민 모래상자

◀ 부모와 함께 꾸민 모래상자

사례 2의 모래상자

이라는 제목으로 부모가 함께 꾸몄는데, 자녀가 놀이공원을 꾸미고 싶었다는 것을 알고 아빠가 주도적으로 '아이가 좋아하는' 동물원 코너를 꾸며주려고 했고, 위험한 동물들을 분리시키기 위해서 '다소' 두텁고 높은 울타리를 만들었다고 했습니다. 이때 자녀는 단지 모래상자임에도 불구하고 아빠의 두텁고 높은 울타리 때문에 아이들은 위태롭게 동물원을 돌아다녀야 하고 잘 보이지도 않는다고 짜증을 냈고, 엄마 역시 그런 아빠에게 아무런 대처도 하지 않고 아이 뒤만 쫓아다니고 있다고 해서 실제 가족상황에서 발생하는 가족문제가 모래상자에 고스란히 드러난 사례입니다.

이 가정의 경우, 다소 산만하고 충동적인 성향으로 학교적응이 어려운 자녀에게 '버릇을 바로잡아야 한다'는 것을 이유로 강압적인 양육태도로 일관했던 아빠와 그 사이에서 무기력해진 엄마가 양육태도를 개선하기 위해 실시했던 심리평가였습니다.

거듭 강조하지만, 자녀의 심리상태를 그림 한 장, 모래상자 사진 한 장으로 평가할 수는 없습니다. 소개한 사례들의 경우에도 정확한 심리학적 평가를 위한 총괄심리검사(인지, 정서, 사회성, 그리고 부모심리검사 등을 포함하는 Full Battery 종합검사)를 실시하였으며, 그 과정의 하나가 모래놀이평가입니다. 그럼에도 불구하고 놀라운 사실은 이러한 모래상자 하나를 꾸미는 과정에서도 십수 년 이상을 지배한 가족의 상호작용 패턴이 고스란히 드러날 수 있다는 것입니다. 그리고 이러한 모래상자를 통해서 알 수 있듯이, 같은 상황에서도 부모와 자녀는 다른 생각과 느낌을 가질 수 있으며, 자녀들이 모를 것이라고/몰랐으면 하고 바라는 부분까지도 이미 알아챌 수 있음을 인정해야 합니다.

그러므로 굳이 이러한 전문적인 심리평가의 과정을 거치지 않는다 하더라도 부모-자녀 사이에 흐르는 주제, 관계의 색깔, 그리고 상호작용의 질에 대해서 순간순간 점검해보는 태도가 매우 중요할 것입니다.

어미곰의 사랑

이어령의 '어미곰처럼'이라는 글에는 현대를 살아가는 부모의 자세를 간절히 호소하는 내용이 담겨 있습니다.

어미곰처럼

어미곰은 어린 것이 두 살쯤 되면 새끼를 데리고 숲으로 간다고 해요.
눈여겨보아 두었던 산딸기밭.

어린 곰은 산딸기에 눈이 팔려서 어미곰을 잊고
그 틈을 타서 어미곰은 애지중지 침 발라 키우던 새끼를 버리고
매정스럽게 뒤도 돌아보지 않고 떠나버려요.

발톱이 자라고 이빨이 자라 이제 혼자서 살아갈 힘이 붙으면
혼자 살아가라고 버리고 와요.

새끼곰을 껴안는 것이 어미곰 사랑이듯이 새끼곰 버리는 것도 어미곰 사랑.
불 같은 사랑과 얼음장 같은 사랑.
세상에서 제일 맛나는 산딸기 밭을 보여주세요.

아이들이 정신을 팔고 있는 동안 몰래 떠나는 헤어지는 연습도 해두세요.
눈물이 나도 뒤돌아보지 않는.

그게 언제냐고요. 벌써 시작되었어요.
탯줄을 끊을 때부터, 걸음마를 배울 때부터, 손을 놓아주셨던 그때부터
무릎을 깨뜨려도 잡은 손 놓아주었던 날을 기억하세요.

출처 : 『천 년을 만드는 엄마』, 이어령, 1999, 삼성출판사

내 자녀가 특별한 능력을 가져서 그것을 최대치로 살려주어야 하든, 다소 부족한 능력을 가져 안타까운 마음에 보호를 해주고 싶든, 또는 너무나 평범해서 무엇인가 새롭고 특별한 것을 제공해주고 싶든 부모는 자녀를 키우는 매순간 조금씩 아이를 독립시키고 이별할 준비를 해야 한다는, '심리적 독립'의 중요성을 다시 한 번 느낄 수 있게 하는 글입니다.

수년 전 제 아이가 초등학교 1학년이었을 때 항상 일하느라 바빴던 엄마와 특별한 시간을 갖게 해주고 싶어서 방학을 이용해 2주 동안 캐나다 종단여행을 간 적이 있습니다. 여름인데도 눈이 쌓여 있는 로키산맥을 버스를 타고 넘어가는 동안 계속해서 여행가이드는 배고픈 곰이 나타날 수 있어서 휴게소가 아니면 차를

세우기 힘들고, 휴게소에서도 쓰레기통 주변을 조심하라는 등의 주의사항을 알려 주었습니다. 그런데 한참을 나지막한 산등성이를 일행과 넘어가는 중에 앞서 가던 버스 몇 대가 서 있고 사람들이 모여서 웅성거리고 있는 것이 보였습니다.

창가에 앉아 있던 호기심 가득하던 아들은 창을 열고 밖을 내다보다가 놀란 목소리로 "엄마, 큰 곰이 있어! 그런데 죽었나봐!"라고 하는 것이었습니다. 앞서 가던 버스에 마침 도로를 지나가던 곰이 치여서 쓰러져 있었던 것입니다. 그런데 바로 이어진 아들의 비명소리는, "엄마, 그런데 아기곰도 있어! 죽은 곰 아기인가봐!"였습니다. 그제사 놀란 제가 아이와 함께 밖을 내다보니 피를 흘리며 죽어 있는 큰 곰 옆에 버스에서 내린 많은 사람들이 거의 곰을 둘러싸다시피 하고 있고, 그 품 안에서 낑낑거리면서 빠져나오려는 새끼곰이 보였습니다.

힘겹게 어미품을 빠져나온 새끼곰은 잠깐 어미곰을 쳐다봤지만 자기를 둘러싼 사람들에 놀랐는지 후다닥 도로에서 숲으로 들어가는 쪽으로 도망을 쳤습니다. 그런데 그때 너무나 안타까운 장면이 연출되었습니다. 새끼곰은 차마 어미곰을 떠나지 못하고 계속 숲으로 들어가려다 되돌아오고, 발길을 돌려 몇 걸음 가다가 다시 돌아오기를 반복하면서도 사람들 때문에 어미곰 옆에 가지 못하는 것이었습니다.

여름방학 기간이었지만 장기간의 여행이어서 그런지 일행의 대부분이 중년 이상의 어른들이었고 고등학생, 대학생이 몇 명 있었는데, 그 모습을 보고 있다가 휴대전화와 카메라를 꺼내서 찍기 시작했습니다. 여행가이드가 주변에 다른 곰이 있어서 위험할지 모르니 빨리 차에 올라타라고 해도 막무가내로 이 보기 힘든 광경을 촬영하느라 동영상까지 찍는 사람도 있었습니다.

그때 제 아이가 "엄마, 어떻게 좀 해봐! 아저씨랑 아줌마들 때문에 아기곰이 엄마한테 가지를 못하잖아! 어른들 나빠! 아기곰이 불쌍해!"라고 하면서 울음을 터뜨렸습니다. 그런 아이의 모습을 보자 저도 정신이 번쩍 들었습니다. 워낙 평소에도 나서는 것을 좋아하지 않는 성격이어서 사진을 찍어대는 사람들이 못마땅하면서도 막상 나서서 말리지는 못하고 구경하거나, 적어도 저 사람들 틈에 끼어서 사진을 찍지는 않는다는 생각을 하며 계속 불편해만 하고 있었던 것입니다.

저는 버스 밖으로 나가서 용기를 내 여행가이드에게 사람들을 곰으로부터 떨어지게 해줄 것을 간곡히 부탁했습니다. 그런데도 제 아이의 울음소리와 말을 들은 저희 버스 일행이 도와서 중국인들이 타고 있었던 앞 버스 승객들까지 모두 차로 돌아가게 하는 데는 한참이 걸렸습니다.

그렇게 대부분의 사람들이 버스에 올라타고, 중국인을 태운 앞의 두 버스는 떠났지만, 우리 일행이 탄 버스는 동물보호국에서 사고신고를 받고 도로정리를 하고 새끼곰을 안전하게 데려가는 것을 확인하기 위해서 머물러 있었습니다.

그제야 멀리서 어미곰 주위를 서성거리던 새끼곰은 다시 사람들이 나타나지는 않을지 불안한지 연신 주위를 둘러보면서도 조금씩 어미곰한테로 다가오더니, 누워서 꼼짝하지 않는 어미곰을 계속해서 혀로 핥는 것이었습니다.

그 모습을 보고 있는 제 아이는 울음소리가 새어나올까 봐 작고 통통한 손으로 자기 입을 막고는 소리를 죽여 울고 있었습니다. 제가 그 이유를 묻자, "내 울음소리가 너무 커서 아기곰이 또 놀라서 엄마 옆에 있을 수 없으면 엄마곰도 아기곰도 너무 불쌍하잖아."라고 말하는 것이었습니다.

저는 그런 제 아이를 보면서, 어린 것을 먼저 보낸 어미곰도, 갑자기 어미를 잃은 새끼곰도 불쌍하다고 하면서도 사진을 찍기에 여념없던 어른들, 그리고 그러지 말라고 먼저 말하지 못했던 제 소극적인 태도가 얼마나 부끄러웠는지 모릅니다.

죽는 순간에도 자기 새끼를 보호하기 위해 끌어안았던 어미곰, 사람들이 무서워서 도망가려다가 누워 있는 어미곰을 혼자 두고 갈 수 없어서 서성거리던 새끼곰보다 더 부족한 어른들이었고, 동물보호국에서 나온 사람들이 새끼곰을 데리러 올 때까지 어미곰과 새끼곰이 함께할 마지막 시간을 주어야 한다는 생각조차 하지 못했던 못난 어른들이었습니다.

상담을 하거나 심리검사를 한 뒤 그 결과를 알려주는 과정에서 자녀가 했던 말들을 전달하다 보면, 가끔 부모님들께 "정말 우리 아이가 그런 말들을 했나요?", "왜 우리한테는 그런 말을 하지 않았을까요?", "그 나이에 그런 (똑똑한) 말을 하는 아이가 우리 아이 말고도 또 있나요?"라는 말을 종종 듣게 됩니다.

아이들도 우리와 똑같이 느끼고 생각합니다. 단지 인지능력이 성숙하지 못하거나, 사회적 경험이 다양하지 못해서 어른들이 이해하는 방법으로 말하거나 논리적으로 이해시키지 못할 뿐입니다.

그런데 더 놀라운 것은, 함께 있는 사람이 아이들이 세상에 찌든 우리 어른들보다 훨씬 더 깊고 창조적인 생각을 하고 많은 느낌을 가질 수 있다는 것을 믿고 기다려주는 사람이라는 것을 믿는 순간, 아이들은 입을 열어서 보석같은 표현들을 쏟아내곤 합니다.

"너, 방금 이렇게 말하려고 그랬지? 엄마는 말하지 않아도 다 알아!"라고 하고 싶을 때 조금은 참고 기다려주면서 우리 아이들이 가진 보석같은 생각과 행동을 표현하도록 한다면, 즉 우리가 가진 생각의 범주와 잣대로 속단하고 재단하지 않는다면 어미곰의 불과 얼음이 공존하는 사랑 못지않게 모든 아이들 속에서 끓어넘치기를 기다리는 용암처럼 숨어 있는 능력들을 지금보다는 더 많이 발견해줄 수 있을 것입니다.

나에게로의 여행

이렇게 온전히 아이다움이 곧 인간다움임을 인정하고, 그 귀함을 존중할 때에만 결코 가능하지 않을 것 같았던 자녀의 심리적 독립이 가능해집니다. 이번에도 실제 모래놀이치료 사례를 통해 보석같은 한 아이의 심리적 성장여행을 따라가 보고자 합니다.

이 모래상자의 주인은 초등학교에 입학하고 1학기를 보내고 있었던 여자아이

자람이(가명)입니다. 자람이는 특별한 심리적 어려움이 있어서 온 것이 아니라, 오히려 너무나 바람직하고 모범적으로 적응하는 듯 보여서 주변의 다른 부모들의 부러움을 사는 아이였습니다. 한편, 자람이의 어머니는 문득 밤잠을 들지 못하고 한숨을 쉬는 딸을 보면서 '착한 아이가 되기 위해' 노력하느라 지쳐가고 있는 것은 아닌지 걱정이 되어 '건강한 자아성장의 기회를 제공하는 것'을 목적으로 모래 놀이치료를 요청하셨습니다.

이 책의 전반부에 설명했듯이, 만 3세 이전의 아이와 어머니의 상호작용을 주의 깊게 관찰하는 과정에서 '심리적 탄생'이라는 개념을 소개하고 이를 놀이치료라는 영역으로 발전시킨 소아과 의사이자 정신분석가였던 Margaret S. Mahler에 의하면 아동의 '건강한 자아성장'이라고 함은 (1) 아이가 엄마와 한 몸—한마음으로 융합되어 있어서 누가 나이고 누가 엄마인지, 그리고 어느 것이 내 마음이고 어느 것이 엄마 마음인지 모르는 상태에서 (2) 나와 엄마, 나와 세상이 다름을 구별하게 되고, (3) 내 안에 자율성과 자발성을 발휘해서 독립하고 싶은 욕구(공격성)와 그럼에도 불구하고 계속 융합되어서 의존하고 싶은 욕구(사랑)가 동시에 존재하는 상태인 '통합적인 자기(Self)'를 이해하고 인정하게 되는 과정을 의미합니다.

지금 소개하는 자람이의 모래상자는 저명한 심리학자들의 가르침이나 사전지식 없이도 아이들이 '놀이'를 통해서 어떻게 이 과정을 이루어 나가는지를 직접 관찰할 수 있을 것입니다.

자람이는 첫 번째 상자에서 부모가 반대하는 결혼을 하는 새신랑과 신부, 그래서 떨어져 있는 모습을 표현하였고 그래서 세 번째 모래상자는 피로연을 하는데 '보기에는 화려하고 꽉 차서 아름다워 보이지만 불쌍하다'고 표현했습니다. 자람이의 모래상자에서 '부모가 반대하는 결혼을 하는 새신랑과 신부'는, 아직 심리적으로 독립하지 않아 건강하지 않은 융합상태로 있어서 새로운 출발을 하는 결혼을 하는데도 불구하고 '아름다워 보이지만 불쌍한' 느낌을 가지는 자신의 상태가 무의식적이고 암묵적인 상태로 억압되어 있다가 표현가능한 모습으로 나타난 것

◀ 1회 결혼을 해요

◀ 3회 아름답지만 불쌍한 세상

이라고 할 수 있습니다.

그렇게 결혼한 부부는 무려 89명의 아이를 낳았고, 그 아이들을 먹여 키우려니 '얼마나 힘들었겠냐'고 하면서 실제로 한숨을 쉬기도 했습니다. 일곱 번째 상자를 꾸밀 때는 묻지도 않았는데 먼저 왜 이렇게 복잡하고 꽉 찬 상자를 꾸미는지 아느냐고 묻고는, 무언가 꽉 차지 않으면 불안해서 견딜 수가 없다는 말을 했습니다. 자람이의 모래상자를 보기만 해도 자람이의 일상이 얼마나 많은 긴장과 노력의 연속이며, 이로 인해 자람이가 어떤 정서를 느끼고 있는지가 고스란히 전달되는 듯합니다.

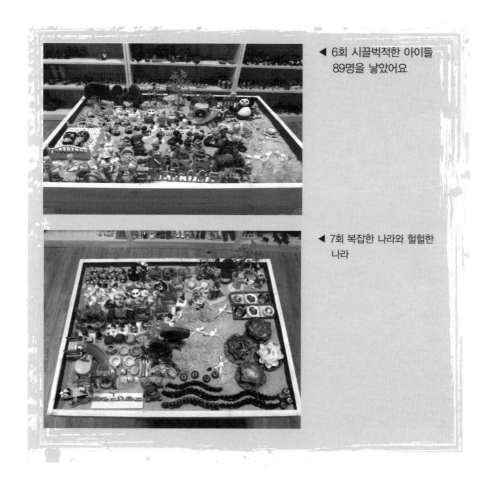

◀ 6회 시끌벅적한 아이들
89명을 낳았어요

◀ 7회 복잡한 나라와 헐헐한
나라

모래상자나 자녀의 놀이에서 싸움, 전쟁, 죽음 등의 주제가 출현하면 걱정하는 경우가 많지만, 실제로 아이들의 (놀이)발달 단계에서 '죽음'을 경험하는 것과 '재탄생'을 통한 새로운 관계의 경험은 매우 중요한 심리발달적 성장의 주제가 됩니다. 이것은 과거 또는 무의식에 잠자고 있던 부정적인 나(나의 속성)를 인식하고, 이를 긍정적으로 바꾸기 위한 자연스러운 과정으로 볼 수 있을 뿐만 아니라, 내 안의 독립(공격성)과 의존(사랑)의 욕구와의 지속적이고 반복적인 투쟁을 견뎌내고, '둘 다 있어도 괜찮다는' 조율감을 획득한다는 의미가 되기 때문입니다.

◀ 10회 엄마가 돌아가셨어요

◀ 14회 아빠가 돌아가셨어요
(아름다운 세상)

자람이는 '자신의 심리적 독립을 반대하던' 엄마아빠를 죽이고 나서(공격성), 열다섯 번째 모래상자에서는 이들을 위한 무덤을 만들게 됩니다(사랑). 이것은 자람이가 부모, 그리고 환경과의 심리적 융합상태에서 분리와 개별화를 위한 서막이 열린다는 신호이기도 합니다. 놀랍게도 자람이는 이때 조명(light)을 사용해서 죽음에 대한 '애도'의 분위기를 연출하면서도, 독립에 대한 기쁨을 '행복한 무덤'이라는 상징적인 의미로 표현하고 있습니다. 바로 이어서 재탄생을 위해 마치 엄마의 따뜻한 자궁 속으로 회귀하듯 굴을 만드는 데 시간과 정성을 들이는 놀이에 몇 주 동안 집중했습니다. 그러고는 마침내 열일곱 번째 모래상자에서는 '두껍아 두껍아, 헌집 줄게, 새집 다오'라는 노래까지 부르면서 완전한 독립을 통한 심리

◀ 15회 엄마아빠를 위한
행복의 무덤

◀ 17회 두껍아 두껍아

적 탄생을 예고하게 됩니다.

그렇게 몇 주간 자람이는 굴을 만들고, 그 굴들을 연결해서 새로운 길을 만들고 "나를 찾아주세요!"라는 주제로 숨바꼭질을 하다가, 열아홉 번째 모래상자에서는 수수께끼 모래산을 만들더니 "내가 여기 있어요!"라고 합니다. 가정에서도 반듯하고 사랑스럽기만 한 딸이었고, 학교에서도 모범적이며, 친구들에게도 동급생이 아닌 언니나 누나처럼 보살핌을 제공하느라 '싫다'는 소리 한 번 내지 못했던 자람이가 '부모 같은', '거짓자기'의 모습을 버리고 새로운 자신을 탄생시킨 것입니다.

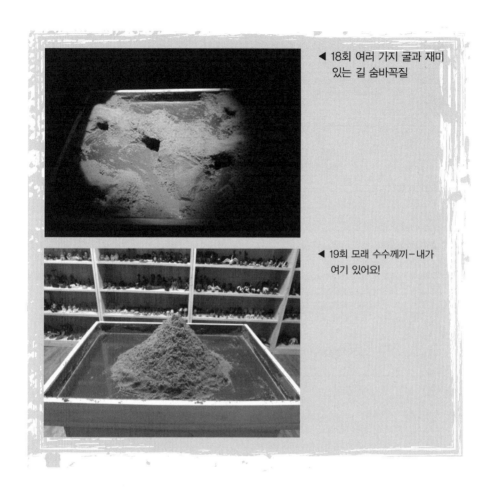

◀ 18회 여러 가지 굴과 재미 있는 길 숨바꼭질

◀ 19회 모래 수수께끼 – 내가 여기 있어요!

그리고 스물한 번째 모래상자에서는 자신의 성장을 상징하는 모래산 정상에 붉은 깃발이 달린 창을 꽂고 전쟁을 선포합니다. 이는 지금까지 '부정적인 것, 내 것이 아닌 것으로 여겼던' 공격성조차 자신의 일부분으로 인정하기 위한 과정으로서, 실제 삶의 현장에서도 나타내겠다는 강한 의지의 표현이기도 합니다. 이때 실제로 자람이는 엄마에게 그동안 단 한 번도 말하지 않았던 부모에 대한 불만과 착한 아이로서 살아가기 얼마나 힘들었는지를 폭발적으로 토로했습니다.

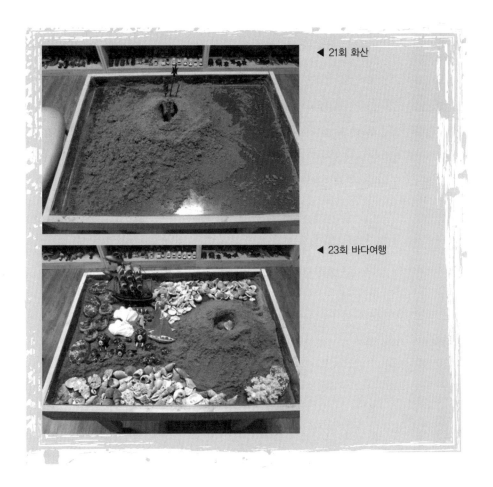

◀ 21회 화산

◀ 23회 바다여행

"내 딸이 나한테 이런 마음을 가지고 있었나 싶어서 놀라기도 했고 다소 괘씸한 생각도 들었지만, 그런 말을 하면서도 엄마가 자신을 미워하거나 나쁜 아이가 되지 않은 것이라는 걸 아는 듯해서 한편으로는 기특했습니다."라고 자람이 어머님은 회상했습니다.

당시의 재미난 에피소드는 지금도 기억이 생생합니다. 깃발을 꽂은 그다음 주에 모래놀이실에 들어선 자람이는 당시 유행하던 디즈니 캐릭터가 그려진 분홍색 원피스에 스펀지밥 양말을 신고 있었습니다.

자람이 : "선생님, 제 옷차림이 좀 이상하지 않나요?"

선생님 : "그래, 평소의 너와는 조금 다른 느낌인 것 같네."

자람이 : "제가 왜 이렇게 입은 줄 아세요? 실은, 엄마를 화나게 하려고요."

선생님 : "엄마를 화나게 하고 싶어서 일부러 어울리지 않는 옷을 입은 거구나."

자람이 : "네, 그런데 전 엄마가 당연히 이렇게 차려입고 나오면 잔소리하면서 갈아 입
         으라고 할 줄 알았거든요. 그러면 엄마 말을 들어주는 척하면서 갈아입으려
         고 했는데 엄마가 아무 말도 하지 않았어요."

선생님 : "저런…"

자람이 : "그쵸? 어이가 없죠? 그런데 엄마가 아무 말도 안하는데 다시 들어가서 옷을
         갈아입을 수는 없잖아요? 할 수 없이 이대로 입고 학교를 간 건데… 어휴! 상
         상이 가시죠?"

선생님 : "난처한 일들이 많이 생겼겠구나."

자람이 : "말도 마세요. 창피해서 죽을 뻔했어요. 다시는 이런 일은 안 하려고요."

　　대부분의 아이들은 부모가 생각하는 것보다는 훨씬 현명해서 매번 가르쳐주지 않아도 잠시만 참고 기다려주면 자신의 해야 할 일과 가야 할 길을 찾는 경우가 허다합니다.

　　이렇게 자신의 긍정적 모습뿐만 아니라 부정적 모습까지 존중받은 자람이는 스물두 번째 모래상자에서부터 자유로운 탐색의 과정을 반복적으로 경험할 수 있는 자신을 찾기 위한 여행을 떠날 수 있게 됩니다.

　　그렇게 몇 주 동안 자신을 찾기 위한 여행-여정을 떠났던 자람이는 스물다섯 번째 모래상자를 꾸미는 날은 "오늘은 상자를 꾸미지 않고 그림을 그려야겠어요."라고 선언하듯 말했고 완성한 모래를 아주 조심스럽게 자신의 모래상자 위에 올려놓았습니다.

　　"선생님, 이게 누군지 아시겠어요? 바로 나예요. 아침의 나는 뭐든 열심히 하고 잘할

◀ 25회 아침, 점심, 저녁으로 다른 나

수 있을 것 같아서 활기차고 밝아요. 그런데 점심 때의 나는 사실은 하고 싶은 말이 따로 있어도 잘 못해서 화가 나 있어 빨간색이 됐어요. 그리고 저녁의 나는 그렇게 화가 나도 화를 내지 못하고 참고 또 참다 보니 힘이 다 빠져서 검은색이 되고 말았어요."

이 얼마나 놀라운 아이입니까! 자람이는 자신에 대한 통합적인 인식(활기찬, 화나는, 그리고 우울한 나)을 드디어 무의식의 영역에서 끄집어내 비언어적으로(그림), 그리고 거의 동시에 언어적으로 표현할 수 있었습니다. Margaret S. Mahler에 의하면 자율성을 획득할수록 분리와 개별화는 더 빨리 촉진된다고 했는데, 이때 자람이는 모래상자를 꾸미지 않고 그림을 그리겠다고 당당하게 '선언'하는 등 타인보다 자기 자신의 통합에 집중하는 모습을 보여주게 됩니다.

그러고는 다시 말을 이어갔습니다.

"그래서 이제는 참지 않으려고요. 실은, 저랑 친한 우리 반 짝인 여자애가 우리 반 여자애 한 명을 따돌려요. 그런데 걔는 저랑 옛날부터 아는 애거든요. 그런데 그 짝인 애가, 그 애랑 놀면 나도 같이 따돌리겠다고 협박했어요. 그건 정정당당하지 않잖아요. 지금

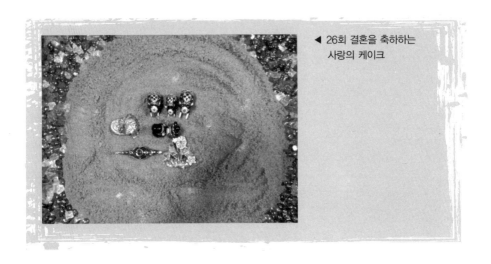

◀ 26회 결혼을 축하하는
  사랑의 케이크

까지는 정말 그 친구와 다른 애들이 안 놀아줄까 봐 겁나서 모른 척했는데요. 이젠 그
러지 않을 거예요. 내일 가서 말해줄 거예요.”

저는 뭐라고 하려고 하는지가 정말 궁금했습니다. “뭐라고 말해줄 건데?”라고
물어보자, 자람이는 이렇게 말했습니다. “자꾸 그렇게 나쁘게 하면 네가 나랑 안
놀아주는 게 아니라, 내가 너랑 안 놀아줄 거야. 그리고 선생님께도 말씀드릴 거
야.”라고요.

실제로 자람이는 다음 날 친구에게 그렇게 말을 했고, 그다음 모래놀이 시간에
숨이 턱에 닿도록 달려 들어와서는 물어볼 겨를도 없이 학교에서 어떤 일이 일어
났는지 이야기해주기 시작했습니다. 모래놀이실에서 연습했던 대로 말할 때 심
장이 터지는 것 같았지만 그동안 걱정했던 일-자람이 자신까지 따돌림을 당하는
일-따위는 일어나지 않았고, 오히려 그 짱인 여자이이와 함께 어울렸던 친구들이
용감하다고 하면서 자신의 편을 들어주어서 더 친해졌고, 따돌리던 친구와도 함
께 놀게 되었다는 놀라운 소식을 전해주었습니다.

이렇게 자신의 긍정적 모습과 부정적 모습을 온전히 인정하는 아이는 자연스럽
게 자신감을 획득하고, 결국 자존감이 높은 아이로 성장하게 됩니다. 스물여섯 번

째 모래상자에서 꾸민 결혼식(축하케이크)은 첫 번째 모래상자와는 참으로 다른 느낌이지요?

자람이의 마음자람 과정에서 주목할 부분은, 이 모든 과정이 '놀이'를 통해 이루어졌다는 것입니다. 언어상담을 하는 상담자들조차도 내담자(아동)를 만날 때 그들이 하는 말 못지않게 비언어적인 신호들에 주목하라고 말을 하고 있듯이, 발달단계상 언어표현이 적절하지 않거나 심리사회적 이유로 말을 하지 않으려는 아이들에게 '놀이'는 유일한 의사표현의 수단이므로 아이들에게 허락된 큰 선물입니다.

많은 심리학자들 역시 놀이에 다양한 정의와 함께 긍정적인 역할을 언급했습니다. 이미 고대로부터 놀이는 아이들의 전유물이라기보다는 인류의 축제와도 같았습니다. Sigmund Freud는 아동은 놀이와 현실을 구분할 수 있으며 '놀이'를 통해 자신만의 고유한 세상을 창조한다고 했습니다.

자람이가 경험한 모래놀이치료의 이론적 근간이 되는 Carl G. Jung은 Sigmund Freud가 신체적 활동을 동반함을 간과한 것과는 달리, 놀이는 '다른 본능과 마찬가지로 신체와 정신 모두에서 찾을 수 있는 인간의 전형적인 본능'이라고 말했으며, 이러한 '놀이'를 통해서 무의식적 영역에 있던 (1) 암묵적 기억이 (2) 비언어적, 비상징적 단계에서 (3) 비언어적, 상징적 단계로, 다시 (4) 언어적, 상징적 단계로 옮겨 갈 수 있다고 했습니다.

Donald W. Winnicott은 놀이가 아이와 어머니뿐만 아니라 심리치료사와 내담아동 사이의 의사소통을 활성화하는 역동적인 과정을 일으킬 뿐만 아니라, 놀이는 '행위'이므로 그 자체만으로도 치료적이라고 했으며, 아동중심 놀이치료의 효시인 Virginia M. Axline은 아동들의 놀이는 '하고자 하는 욕구의 표현'이므로, 놀이는 갈등을 해결하고 감정의 대화를 가능하게 하는 수단이 된다고 했습니다.

최근에는 뇌과학 등의 발달로 인한 증거기반 심리학의 확대로 Stanley Greenspan의 아동중심 놀이치료의 이론적 배경에 근거하여, 발달놀이치료와 부모놀이치료를 접목한 DIR/Floor-time은 캐나다 온타리오 주 토론토 소재 요크대학에서의 연구 등을 통해 '약 12주간의 단기적이고 치료적으로 구조화된 놀이'가 자폐스펙트럼 장애를 포함하는 발달장애 아동에게도 효과성을 검증받아 증거기반 치료[3]로서 인정을 받는 등 놀이의 심리사회적 효과와 의의뿐만이 아닌 다양한 과학적 검증을 위한 연구들이 진행되고 있습니다.

자람이는 이렇게 압박이 없는 자유 상태에서의 학습이자 공포가 없는 안전한 탐색의 과정인 놀이행위를 통해 창조적인 통찰이 가능했고, 이를 통해서 건강한 자기를 인식하고, 자기와 타인(부모와 환경)을 구별할 수 있게 되었을 뿐만 아니라, 그러한 통찰의 결과로 실제 생활에서 자람이 자신의 생각과 바라는 바를 온전히 표현할 수 있는 건강한 마음자람을 이루어낼 수 있었습니다.

내 안의 지킬과 하이드

또 다른 주제의 모래상자의 주인은 7세 남자아이 우람이(가명)입니다. 우람이는 자람이와는 상반되는 성향으로, 유치원이나 가정, 친구관계에서 다소 자기중심적이고 표현 및 행동이 커서 이로 인한 잦은 주변의 간섭 등이 우람이의 심리적 건강에까지 영향을 미칠까 우려한 부모님이 초등학교 입학을 앞두고 모래놀이치료를 요청하셨습니다. 대개 남자아이와 여자아이의 모래상자는 매우 다른 모습과 주제를 표현하는 경우가 많으며, 우람이의 경우 모래놀이의 발달 5단계인 (1) 혼란, (2) 동식물, (3) 투쟁, (4) 자아발현, (5) 적응의 단계가 온전히 진행되었습니다. 이 책에서는 모래상자 초기와 중기의 일부와 그 상자를 꾸미는 과정에서 우람이가 표현한 것을 소개하려고 합니다.

모래놀이 초기에 우람이는 누가 우리 편인지도 모르게 뒤섞인 혼란의 상태에서

---

[3] 증거기반 치료는 실증적, 경험적으로 확인 가능한 결과(뇌과학 또는 측정 가능한 수치 등)를 제시할 수 있어서, 이를 토대로 북미 등의 경우 의료보험혜택 여부 및 기간을 결정하기도 합니다.

◀ 1회 누가 우리 편이야?

◀ 5회 싸워랏!

점점 '좋은 놈과 나쁜 놈'이 뚜렷한 투쟁의 단계를 경험하게 됩니다. 자람이의 모래상자에서 나타났던 '죽음과 재탄생'의 주제만큼이나 특별히 남자아이들에게서 나타나는 적과 아군이 바뀌거나, 좋은 편과 나쁜 편이 바뀌면서 '반복되는 투쟁'은 아이들이 현실에서 부딪히는 갈등을 의식적으로나 무의식적으로 조율해 나가는 과정이 상징적으로 나타나는 것이라고 할 수 있습니다.

약 12회기(4개월)가 경과할 때쯤, 반복되던 지리한 싸움 속에서 전사의 모습을 한 자신을 표현했고, 얼마 되지 않아 열네 번째 회기에 '페어플레이'라는 제목의 모래상자를 꾸몄습니다. 이때 우람이는 다음과 같이 말했습니다.

◀ 12회 전사의 탄생

◀ 14회 페어플레이

"선생님, (우람이가 보는 쪽에서) 왼쪽의 초록색 용은 착한 용이고 오른쪽의 붉은색 용은 나쁜 용이에요. 옆에 각각 서 있는 황금색 용은 초록색 용과 붉은색 용이 페어플레이를 하는지 지켜보는 감시자 용이고요. 치사하죠. 이제는 감시하지 않아도 페어플레이를 할 텐데 왜 어른 용, 아니 감시자 용들은 우리를 못 믿는지 모르겠어요."

그러고는 말을 잇습니다.

"우리 엄마는요. 나랑 잘 놀아주고 다른 사람들이 내 말을 들어주지 않을 때도 들어주는 착한 엄마도 있고요, 그러다가도 내가 정말 말을 안 들으면 파워레인저에 나오는 마녀로 변신하는 나쁜 엄마도 있어요. 그런데 나는 착한 엄마만 있으면 좋겠지만 그건 안

돼요. 왜냐하면, 둘 다 내 엄마니까요."

그리고 잠깐 말을 멈추고 모래상자를 쳐다보던 우람이가 갑자기 의미심장한 미소를 지었습니다.

"그런데요 선생님, 저한테도 엄마 말도 잘 듣고 싶고 착한 행동을 많이 하고 싶은 착한 우람이가 있고, 아무리 참으려고 해도 안 되서 큰소리를 지르거나 친구를 때리고 싶은 마음이 드는 나쁜 우람이도 있어요. 우리 엄마는 착한 우람이만 있으면 좋겠지만 그건 안 돼요. 왜냐하면, 둘 다 우람이니까요."

"우리 엄마는 아무리 미워도 날 제일 사랑한다고 하지만 가끔은 거짓말 같아요. 화낼 때는 정말 무섭거든요. 그렇지만 그때가 지나면 또 착한 내 엄마가 되니까… 그러니까, 나도 나쁜 엄마를 참아주니까 엄마도 나쁜 우람이를 참아주면 좋겠어요… 이 이야기는 엄마한테 해주고 싶으면 해줘도 좋아요."

이때 우람이는 대상관계이론의 초기 공헌자인 Melanie Klein이 말한 '우울자리'를 경험하게 됩니다. 그녀는 아동의 성격발달 과정에서 나타나는 '두 자리'의 개념을 설명하는데, 초기의 '편집-분열적 자리'는 건강하지 않은 융합상태에 머무르지만 독립을 통한 자율성을 획득하고 싶은 욕구와 독립하려 했을 때 느끼는 두려움과 불안으로 인해 자신이 파멸할 것을 두려워하는 것이라면, '우울자리'는 자신의 심리적 탄생과 독립이 실제의 삶에서는 반항과 공격성으로 나타남으로 인해 좋은 대상(엄마)이 상처입거나 위험에 처하게 될까 봐 걱정하고 죄책감을 느끼는 것을 의미합니다.

실제로 우람이는 모래놀이치료 회기를 마친 날 저녁 만다라 그리기(제5장 마음자람 프로그램-셰어링으로 소개)를 하면서 큰 원 안에 마치 피카소처럼 2개의 얼굴을 가진 사람의 형상을 그렸는데, 서로 맞닿아 있는 두 얼굴의 한쪽은 웃고 있

었고 한쪽은 눈물을 흘리고 있었다고 합니다. '심리적 독립'이라는 커다란 발달과
제를 성취하는 과정에서 느끼는 기쁨과 아쉬움, 슬픔으로 인한 숙연한 감정에 머
무르는 중요한 순간이 되었으리라 믿어 의심치 않습니다.

　Margaret S. Mahler는 또한 일단 나와 엄마를 분리해서 나를 독립시키고 나서 좋
은 엄마와 나쁜 엄마를 극단적으로 인식하지 않고 한 대상으로 통합하는 것이 가
능해지면 궁극적으로 아이 자신의 좋은 측면과 나쁜 측면을 분리하지 않고 통합
하게 하고, 이는 건강한 자기를 형성하고 사회적으로 건강하게 적응할 수 있는 주
요한 열쇠가 된다고 강조했습니다.

　이러한 관점에서 우람이의 모래놀이는 몇 가지 중요한 의미를 담고 있습니다.
(1) 실제(유치원, 또래관계 등)에서는 '해서는 안 되는' 반복되는 투쟁을 '마치 꿈
을 꾸는 것처럼' 가상으로 해볼 수 있음으로써 카타르시스를 경험하는 보상효과
가 있고, (2) 가상세계인 모래상자에서이기 때문에 안전함과 비밀이 보장되는 공
간에서 죄책감을 느끼지 않고 악역을 해볼 수 있고, 선과 악 또는 적군과 아군을
바꾸거나 섞는 등에서 주도성을 발휘할 수 있으며, (3) Donald W. Winnicott 역시
강조했듯이 아동의 발달단계상 중간대상물로서의 놀이와 현실의 경계에서 반복
되는 이 경험은 중요한 사회성 기술을 획득하게 하는 과정이 되며, (4) 언제든 모
래상자 안에서 안전하지 않다고 느낄 때 보호받는 환경(치료사 또는 치료실) 또는
현실(엄마)로 되돌아올 수 있기 때문에 (5) 충분히 만족할 때까지 투쟁의 주제를
가진 놀이과정을 반복한 결과, 내 안의 긍정적 측면과 부정적 측면을 모두 인정할
수 있게 되었다는 것입니다.

　Margaret S. Mahler 이전부터 지금까지도 많은 심리학자들이 자기의 내면에 있
는 내적인 자아에 대해 언급하고 있습니다. Carl G. Jung의 분석심리학에서는 외
적으로 보이는 그럴듯한 모습의 '페르소나'와 그 이면에 숨은 '그림자'로, Donald
W. Winnicott의 대상관계이론에서는 '참자기'와 '거짓자기'라는 개념으로, 그리고
가족체계를 개인의 내면에 존재하는 다양한 인격으로 설명하는 트라우마 심리치

료사 Richard C. Schwartz의 IFS(내면가족체계치료)에서는 '추방자', '관리자', 그리고 '소방관'이라고 칭하는 분리된 자아개념을 설명할 만큼 각 개인 내면의 다양한 인격에 대한 연구는 계속되고 있습니다.

문학 또는 예술작품에서는 이를 내적으로만 존재시키지 않고 외적으로 관찰 가능한 형태의 2개의 자아로 표현하는 경우가 많은데, 대표적인 예로는 지킬 박사와 하이드가 있으며 다소 과장되어 있지만 헐크와 슈퍼맨, 스파이더맨 등도 그중 하나입니다.

지킬 박사와 하이드나 헐크처럼 한 개인의 내면에 존재하지 않고 외부에서 전혀 다른 두 가지 모습으로 표현되는 경우, 즉 이중인격 또는 다중인격은 대부분 어둡고 부정적이거나, 평소에 나답지 않다고 여겨지는, 그래서 일상에서는 부정하고 숨기고 싶은 모습으로, 그래서 나에게는 없는, 쫓아내고 싶은 모습으로 생각하기 쉽습니다. 이런 경우 부정적인 자아는 인식되지도 못하고, 그렇기 때문에 조절되기 어렵습니다. 그러나 이러한 다양한 자아를 자기 내면에 존재할 수 있는 인격들의 부분으로 인정하게 되면, 그 부분들을 관장하는 전체적이고 통합적인 자기가 이들을 부정하고 쫓아내기보다는 인정하고 조율감을 획득하게 하는 것이 관건이 됩니다.

7세 후반, 학교 입학 직전에 상담센터를 찾은 여자아이 빛남이(가명)의 모래상자입니다. 빛남이는 외향적이고 긍정적인 성향에 자신감이 넘치면서도 친구들에 대한 배려심도 많아서 유치원에서나 친구들 사이에서 매우 인기가 많은 친구입니다.

모래상자를 찍은 전체 사진에서 해석상 중요한 의미를 내포한 상징성을 가진 피규어들이 등장하기는 하지만, 대체로 질서 있고 현실과 이상이 조화를 이룬 모습을 보여주고 있습니다.

그런데 모래상자 중앙에 놓여 있는 '멋있는 궁전'의 내부를 가만히 들여다보게 되면, 궁전 바로 입구에는 사슴, 염소 등의 동물들이 한가로이 노닐고 있는데 옥

◀ 전체 사진

◀ 내부 사진

조 안에는 몸을 웅크리고 숨어 있는 백호와 호랑이가 있습니다. 빛남이가 이 상자를 꾸미고 나서 이렇게 말을 합니다.

"사람들은 겉모습만 보고 정말 멋진 궁전이 있는 아름다운 나라라고 생각해요. 물론 그래요! 그렇지만 그런 궁전 안에 실은 무서운 아기 호랑이들이 살아요. 평소에는 주로 잠을 자고 있지만 너무 배가 고프거나 화가 나게 되면 갑자기 튀어나올 수 있기 때문에 다들 조심해야 하는데… 중요한 건, 호랑이들이 궁전 안에 살고 있다는 걸 아무도 모른다는 거예요. 나만 알죠, 하하!"

지금까지 소개한 두 아이의 예를 보면, 놀랍게도 우람이는 아직 초등학교 입학도 하지 않은 유치원생임에도 불구하고 엄마와 자신의 긍정적인 측면뿐만 아니라 부정적인 측면을 명확하게 알고 있고, 이것을 온전히 이해받고 존중받고 싶어 하는 갈망을 '놀이 안에서' 상징적으로, 그리고 실제 말로써 표현하고 있습니다. 좋은 엄마, 착한 우람이만 인정하고 이해받으려고 하는 것이 아니라 '있는 그대로 존중하고/존중받고 싶어 한다는 것'이 얼마나 대견한 일인지요! 여기에서 '있는 그대로'가 의미하는 것은, 완벽하게 좋기만 하거나 극단적으로 나쁘지 않은, 즉 '적당히 괜찮은 나와 엄마'를 인정한다는 것으로 Donald W. Winnicott의 충분히 좋은 엄마(Good Enough Mother)의 개념과도 일치한다고 볼 수 있습니다.

빛남이 역시 내면에 웅크리고 있는 호랑이가 있다고 해서 나답지 않거나 나쁜 아이가 아님을 이미 알고 있는 것처럼, 자기 내면에 존재하는 또 다른 나에 대한 인식을 무의식적이고 상징적인 형태에서 '놀이를 통해' 자연스럽게 의식적이고 언어적인 형태로 변화시키고 있습니다.

평생을 죽음을 마지막이 아닌 살아가는 과정으로서 바라보고 연구했던 Elizabeth K. Ross는 대부분의 사람들이 삶의 마지막 장면(노년기, 불치병 등으로 인한 사망을 앞둔 상태)에 다다라서야 사회적으로 규정되는 모습의 자신, 즉 누구의 딸, 엄마, 직장에서의 직책 등이 아닌 태어난 그대로로서 순수한 자기 자신에 관심을 갖게 된다고 했는데, 제가 만나는 많은 아이들은 그것을 알려주거나 가르쳐주지 않아도 이미 알고 있었고 들어줄 준비가 되어 있는 사람들에게는 말할 용기도 있었습니다.

'태어난 순수 그대로의 자기'는 Carl G. Jung이 말하는 (1) 혼돈과 무의식 상태에서 분화되지 않은 모체이며 원형적 상징인 유로보로스(Uroboros)이자 통합된 원시적 부모 상태인 영아기에서 (2) 유아기로 발달해 가면서 부모로부터 심리적 분리를 통해 자율성과 주도성을 획득하여 (3) 건강하게 개별화된 개인으로 분화된 자기이자, Margaret S. Mahler가 말하는 (1) 나와 타인, 환경을 분리하고 (2) 엄마를 포함한 타인과 환경도 좋을 수 있고 나쁠 수 있으며 (3) 나도 좋을 수 있고 나쁠 수 있음을 수용 가능한 심리적 독립을 이룬 상태의 자기로 볼 수 있습니다.

그러므로 우리 아이들이 몸과 마음이 온전하고 건강하게 자랄 수 있도록 지켜줄 책임이 있는 부모, 교사, 그리고 주변의 의미 있는 성인들이 '놀이를 통해 자율성을 획득하고 심리적으로 독립할 수 있는' 기회를 제공해줌과 동시에, '들어 주고 수용해주는' 내공을 발휘해주어서 아이들이 자신의 내면을 알고, 이해하고, 조율할 수 있게 된다면 얼마나 멋진 경험이 될지 역시 부모가 알아야 할 것입니다.

이를 위해서는 부모가 먼저 '완벽하게 좋은' 부모가 아니라는 이유로 죄책감을 갖거나 아이의 비난에 상처받지 않고 의연하게 시행착오를 인정하고 감당하는 '적당히(충분히) 괜찮은 부모'가 되어야 하며, 그 과정에서 아이에게 '최적의 좌절'을 경험하게 함으로써 아이 역시 '적당히(충분히) 괜찮은 나'임을 깨닫게 해주어야 합니다.

즉 일부러 좌절/스트레스를 제공할 필요는 없지만 내가 완전하든 완전하지 않든, 그리고 내가 원하든 원하지 않든 발생할 수밖에 없는 좌절/스트레스의 상황에서 자녀보다 더 불안하거나 슬퍼하거나 화를 내거나 심지어 미리 해결해주는 완벽한 부모가 되는 대신에, '아이가 얼마나 좌절하고 있는지', '그래서 어떤 상태이며 어떤 느낌을 느끼는지'를 알아채고(공감), 다른 누구와는 달리 좌절해서 힘들어하는 아이를 진심으로 지지해주고 기다릴 수 있는(담아내기) 부모가 되면 아이들이 먼저 다가와서 말을 걸게 될 것입니다. 우리 아이들이 부모님의 가슴에서 우러나지 않은 '진심이 아닌 말'을 모를 것이라고 생각하면 안 됩니다.

나는 이미 엄마가 무얼 느끼고 생각하는지 알고 있어요!

인간의 뇌는 크게 뇌간, 변연계, 그리고 대뇌피질로 나눌 수 있습니다. 뇌간은 생존과 관련한 신체-감각적 알아차림 및 반응과 연관되어 있고, 변연계는 비언어적이며 정서적인 경험을 지각하고 이를 기억하며, 대뇌피질은 객관적 사실의 기억과 논리적 사고 등을 통한 문제해결능력과 연결됩니다.

신경심리학자 Rizzolatti는 원숭이를 이용한 실험을 통해서 변연계의 일부 영역, 즉 편도체와 뇌도 등에서 '거울뉴런'이라는 신경세포를 발견하였습니다. 원숭이는 사람이 한 행동을 그대로 모방해서 똑같은 행동을 하고 있을 때 뇌의 똑같은 영역에서 활성화된 반응이 나타나는데, 사람은 상대편에 있는 사람이 한 행동(표정 짓기 포함)을 관찰하기만 했는데도 불구하고 그 사람의 뇌와 똑같은 영역이 활성화되는 것을 발견하였습니다. 또한 특히 '혐오스러움', '쑥스러움', '창피함' 등의 사회적인 정서를 느낄 때 강한 반응을 관찰할 수 있었습니다.

이 실험을 통해 우리가 알 수 있는 것은 부모가 자녀와 대화하거나 함께 있을 때, 아무리 실제 감정과 생각을 숨기려고 해도 이미 자녀는 부모가 말하고 있는 내용뿐만 아니라 그 과정에서 동시에 발생하는 부모의 감추고 싶은 감정과 생각을 느끼고 알아챌 수 있다는 것입니다.

또한 이는 '공감'을 설명하는 중요한 열쇠가 되기도 합니다. 최근 공감을 통한 자녀의 마음읽기, 즉 '감정 반영하기'가 중요하다는 것이 부각되면서 자녀를 가르치거나 혼내기에 앞서 "그래, 네가 화가 났구나." 또는 "속상하겠구나."라는 반응을 하려고 노력하는 부모가 늘어나고 있는 것은 긍정적인 변화입니다.

그러나 단지 아이가 보여주는 표정과 행동만을 보고 형식적으로 또는 지레짐작하는 '앵무새 반영'은 아이들의 진정한 분노를 사기에 충분합니다. 거울뉴런을 설명하면서 그 행동(표정 짓기)을 하지 않아도 사회적 정서 등의 비언어적인 정서 영역에서 반응이 나타난다고 했듯이, 부모가 자녀가 느끼는 그대로를 느끼거나 그 이상으로 앞서서 더 긴장하고, 좌절하고, 분노하는 것이 아니라 '마치 내 아이가 된 것처럼' 느껴야 합니다. 그리고 부모의 생각대로 재해석하지 않고 그대로 자녀에게 전달할 때 진정한 공감이 이루어지는 것입니다. "그러면 대체 공감했다는 것을 어떻게 알 수 있을까요?"라고 묻는 부모님들이 많습니다. 그 해답을 알 수 있는 방법은 자녀의 반응입니다. 제대로 공감하고 감정을 읽었다면 자녀와 눈빛이 맞닿을 수 있을 것이며, 그렇지 않다면 자녀는 시선을 피하겠지요.

전문가 Tip Talk 양육에는 답도, 왕도도 없다 - 본능적 양육 vs 인지적 양육

많은 부모들이 내 자녀를 최고로 키워내기 위해, 또는 이 험난한 세상에서 보호하기 위해 애를 씁니다. 상담을 오면 으레 "도대체 해답이 뭘까요?"라는 질문을 합니다. 그러면, "답이 없다는 것이 답입니다."라는 애매한 말을 하게 됩니다.

양육(parenting)은 '본능적 양육'과 '인지적 양육'으로 크게 나뉩니다. 본능적 양육은 말 그대로 어디선가 배운 정보보다는 부모가 직접 보고 듣고 느낀대로 자녀에게 반응하는, 예전 우리 부모와 우리 부모의 부모가 했던 그대로의 방식을 말합니다. 반대로 인지적 양육이란 부모교육 등을 통해 배우고 익힌 것을 적용하는 방식입니다.

본능적 양육은 경험과 과정 속에서 깨달음을 얻는 것이므로 그 차이를 인정하기 쉽지만, 인지적 양육에서는 이미 제공된 교육과 정보는 그 자체가 답이 되기 쉬워 이를 적용하는 과정에서 도리어 좌절감과 죄책감을 느끼게 되는 경우가 많습니다.

그래서 많은 심리학자들이 본능적 양육 : 인지적 양육의 비율이 70 : 30이 될 때 가장 이상적일 수 있음을 말하고 있습니다. 그러나 최근 많은 부모들이 '최선을 다해 배우고 익히느라' 이 비율이 역전되는 바람에 정작 '나를 봐달라고 손을 내미는' 아이 대신, 다양한 양육도서와 TV프로그램, 각종 교육에 의존하게 되면서 계속해서 답만 찾아 헤매는 악순환이 되풀이되고 있습니다.

명심하세요! 우리에게 길과 과정을 알려주는 것은 바로 내 아이의 눈빛, 손짓과 목소리입니다. 이에 반응하는 부모 역시 끊임없는 실수와 시행착오를 할 수밖에 없으며, 이러한 '과정' 그 자체가 다소 성공적이지 못하더라도 대부분의 경우에는 궁극적으로 자녀에게 부모에 대한 신뢰감을 제공해줄 수 있습니다.

04

나는 빛나는 보석이다

강점 찾기 여정 – 꿈

지금까지는 나를 발견하기 위한 첫 번째 단계로서 '나'를 이해하기 위한 과정을 살펴보았습니다. '나'는 아동·청소년 개인과 부모, 그리고 환경으로 구성되며 개인은 다시 인지, 정서, 사회성 영역으로 나누어 볼 수 있습니다. 아울러 부모의 유형, 부모의 (현재)심리, 그리고 부모의 양육태도와 함께 형제자매 관계, 또래관계, 사회적 관계 등 주요한 환경요인들이 '나'라는 한 음절의 단어를 이해할 때 삶의 과정 속에서 반드시 지속적으로 고려해야 할 요인이 됩니다.

이제 이러한 것들의 이해를 통해 진정한 나의 강점을 찾아내기 위한 여정에서 하나의 개념을 더 추가하려고 합니다. 내 안에 잠재되어 있는 강점을 알아채고, 계발하고, 건강하게 촉진하기 위해서는 나의 능력과 성격, 현재 상태를 잘 이해하고 이를 인정해주는 관계 안에서 지속적인 노력이 필요합니다. 그렇게 할 때, 원하든 원하지 않든 건강한 내 안에서 자라게 되는 것이 바로 '꿈'입니다.

한편 꿈(미래, 진로)은 건강한 꿈과 건강하지 않은 꿈이 있습니다. 저는 이를 '나비 꿈' vs '좀비 꿈'이라고 표현합니다. 나비는 꽃과 꽃 사이를 날아다니면서 자신의 삶을 유지할 뿐만 아니라 꽃들에게도 생존의 기회를 제공하며, 아름답게 날아오르는 모습은 보는 이들의 마음에도 즐거움을 줍니다. 뿐만 아니라, 미미한 애

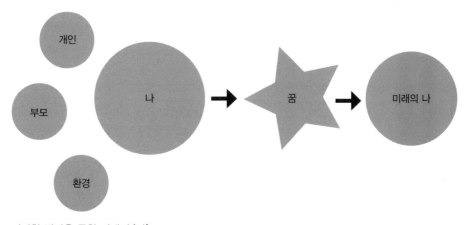

건강한 발달을 통한 미래의 '나'

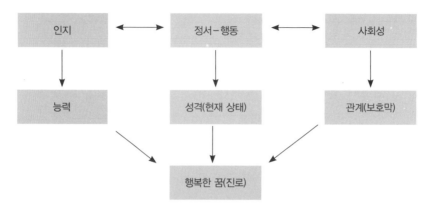

행복한 꿈(진로) 발달과정

벌레에서 번데기의 시절을 지나 나비로 '변신'하는 아름다운 과정을 경험한다는
점에서 우리의 꿈과 진로를 개척해 가는 과정이 항상 꽃길만은 아니라는 점에서
일맥상통하기도 합니다.

하지만 좀비는 죽었으나 죽지 못하고, 살아있으나 살아있는 사람으로서의 역할
을 하지 못하면서 보는 이의 마음을 우울하고 안타깝게 만들 뿐만 아니라 위협감
마저 듭니다. 나비처럼 건강한 꿈은 미래를 향해 지속적인 노력과 성장을 하도록
촉진하지만, 좀비처럼 건강하지 않은 꿈은 오히려 현실회피적인 수단으로 전락해
서 건강한 마음가짐과 발전을 위협할 수 있습니다.

 VS

강점 찾기 여정 – 진로

상담을 하면서 교육현장에서도 많은 학생들을 만나게 됩니다. 최근에 초등학교 남학생들 사이에서 가장 인기 있는 장래희망은 1위 축구(야구)선수, 2위 연예인 – 개그맨이며, 중학생들 사이에서 가장 인기 있는 장래희망은 1위 바리스타, 2위 연예인 – 가수입니다. 연예인, 과학자, 대통령, 공무원, 의사 등의 직업이 모두 뒤로 밀려난 이유는 시간이 오래 걸리고 힘들다는 이유에서입니다.

즉 공부하기 싫어서 운동선수가 되고 바리스타가 되어 폼나게 카페를 운영하고 싶다는 것이 1위에 올라온 직업선택의 이유인 것입니다. 놀라지 않을 수 없습니다.

운동선수와 바리스타라는 장래희망이 건강하게 활동하는 '나비 꿈'이어서 이를 위해 무엇을 노력해야 할지에 대해 지지적인 성인과 건설적인 이야기를 나누고 계획을 할 수 있다면 더할 나위 없이 좋은 일이지만, 단지 학습과 부모님의 잔소리를 회피하기 위한 수단으로 노력하지 않는 '좀비 꿈'을 설정하고 시간이 흘러가기만 기다리는 것은 건강하지 않은 꿈을 꾸고 있다는 증거입니다. 이렇게 현재 우리 현실에서는 건강하지도, 선명하지도 않은 꿈으로 자신의 미래를 적당히 포장해 놓고 현실에서 하루하루를 무미건조하게 '살아내는' 학생들이 많음에 매우 안타까울 때가 많습니다.

그러므로 우리가 '진로'라는 말을 사용할 때는 단지 몇 개의 진로관련 검사 등을 통해 선호적성을 파악하거나 '학과 또는 전공'을 결정하기 위한 형식적이고 단기적인 상담으로만이 아닌, 한 개인의 전 인생을 통해 탐색하고, 노력하고, 조율해 나가는 과정임을 알고 지속적인 노력을 해야 하며, 그 과정에 부모나 멘토가 함께할 수 있어야 합니다.

전문가 Tip Talk **진로탐색 적정 시기**

많은 부모님이 만 4~5세경의 아이를 데리고 와서 다중지능검사나 적성검사 요청을 하십니다. 아이들의 발달과정 편차가 가장 크고도 가속도가 생길 수 있는 연령이 바로 초등 저학년까지이므로, 적성검사 등이 권장되는 가장 이상적인 시기는 만 10세경인 초등학교 4학년 전후입니다.

강점과 약점 뒤집기

모든 인간에게는 강점과 약점이 존재합니다. 다만, 어디에 초점을 두고 사는 사람으로 성장하느냐에 따라서 그 사람의 삶의 질, 행복의 수준이 달라지는 것입니다. 그래서, 앞에서 보았던 자신의 강점을 찾아내거나 자신의 성격과 심리상태를 이해하려는 이유가 (1) 삶의 초점을 결정하기 위해서인지 (2) 약점에 좌절하고 끊임없는 탓을 하면서 포기하기 위한 변명거리를 찾기 위해서인지, 그것도 아니면 (3) 부모로서 혹은 나 자신에 대한 개인적 호기심을 벗어나지 못하는지에 대해서도 생각해보아야 합니다.

　예를 들어 '나를 이해하기 위해서' 또는 '내 자녀를 더 잘 이해하기 위해서'라고 했지만, 결국 각종 검사 등을 통해 확인한 점수에 집착하거나, 현재 뭔가 만족스럽지 못한 상태에 대해서 "결국 이건 성향이고 능력이 그것밖에 안되는 거니 노력할 필요도 없는 것 아닌가요."라는 말을 들을 때면 너무나 안타까울 때가 많습니다. 특히 상담현장에 있다 보니 많은 다양한 사례를 만나게 됩니다.

사례 1   **아이의 단점을 장점으로 승화하기 위해 노력하는 가정**

수년 전 만났던 한 아이의 경우, 부모님께서 이미 다양한 검색경로와 조사 등을 통해서 아이가 발달장애 성향, 그중에서도 아스퍼거 증후군(전반적 발달장애의 일종. 2013년 5월 개정된 DSM-5에서는 자폐스펙트럼장애로 통합됨)에 가깝다는 것을 이미 확신하면서 상담을 오셨습니다. 처음 몇 달간은 이 아이의 부모님 역시 많은 부모님들이 그러하듯이 '아스퍼거 증후군이 맞는지 아닌지'를 확인하는 데 온 에너지를 쏟으셨지만, 몇 달간의 부인, 분노, 협상, 우울, 수용 등의 마음 다스림 노력 끝에 아버님께서 어머님의 손을 잡고 오셔서 하셨던 말씀을 잊을 수가 없습니다.

"처음에는 장애인지 아닌지가 궁금했고, 그다음에는 부모의 탓인지 아닌지가 걱정되었고, 시간이 흐르면서 어느 때가 되면 완치되거나 정상적인 생활이 가능할지라는 의문 때문에 잠을 설치기도 했습니다. 이런 우리의 불안이 아이를 좋아지게 하거나 지금의 상황을 바꾸는 데 아무런 도움이 되지 않는다는 말도 처음에는 귀에 들어오지 않았습니다. 그런데, 그럼에도 불구하고 잠들어 있거나 아침에 눈을 뜰 때 한없이 사랑스런 아이를 보면서 생각을 바꾸기 시작했습니다.

저 역시 워낙이 내성적인 성격이었고 그래서 친구들을 사귀기 힘들었기 때문에 오로지 공부만 하다 보니 이렇게 하루 종일, 어떨 때는 며칠 동안 아무도 없는 연구실에서 생활해야 하는 제 직업에 무리 없이 적응하면서 살고 있습니다. 아이 엄마도 내성적이라 이런 저를 크게 힘들어하지 않고 옆에서 지켜봐 주었기 때문에 다행히도 저희는 부부사이가 매우 좋은 편입니다. 이번에 아이 일 때문에 힘들지만 않았더라면 더 좋았겠지만요. (웃음).

아무튼 그래서 아이가 사회성이 부족하고 사물에만 집착하는 것이 부모의 성향을 닮아서인가 하는 죄책감 때문에 무척 힘들었고 지금도 아니라고는 말하지 못합니다. 다만, 그게 기질 때문이든 부모 때문이든 상관없이 나보다, 그리고 아내보다 더 많이 내성적인 아이를 키운다고 생각하고 무엇을 해줄 수 있을지 알아보기로 하고 아이를 다시 보기 시작했습니다.

그랬더니 아이가 사회성이 다소 부족한 대신 무언가에 집중하면 그것을 그 나이 또래 아이들보다 훨씬 더 끈질기게 집중해서 완성해낼 수 있는 끈기가 있다는 것을 알 수 있었습니다. 그래서, (쉽지 않겠지만) 아이에게 어떤 장애가 있고, 얼마나 개선이 될지, 그리고 언제 완치가 될지에 대한 걱정은 당분간 내려놓고 아이가 잘할 수 있는 것을 더 잘할 수 있게 도와줄 수 있는 게 뭔지를 생각해보기로 했습니다.

내 아이가 나중에 어떤 사람이 될지보다는, 저처럼 사람들과 덜 부딪히면서도 자신의 일을 잘할 수 있는 일들이 무엇이 있는지를 아이가 커가는 동안 찾아볼 생각입니다. 그리고, 지금 하고 있는 심리치료도 아이가 가진 장애나 문제를 낫게 한다기보다는 결과적으로 사람들 속에서 자기가 할 수 있는 일을 하면서 살아야 할 때 최소한의 사회성이라도 발휘할 수 있도록 그 노력을 포기하지 않게 해주기 위해서라는 것을 잊지 않도록 애써보겠습니다."

사례 2　　**자폐스펙트럼장애를 극복하고 시인이 된 청년 앤드루**

만 3세경에 중증 자폐스펙트럼장애로 진단받았던 앤드루(실명, Andrew Bloomfield)라는 한 청년이 있었습니다. 앤드루에게는 한 번 시선이 스쳐 지나간 활자(책, 자료 등)는 마치 사진처럼 기억하는 능력이 있었습니다. 그러나 그 부모님은 그 능력(서번트)을 유일한 아이의 강점이라 여겨서 지나치게 집중하거나 이러한 능력을 사람들에게 알리거나 하는 데 애를 쓰지 않았습니다. 단지, 언젠가 앤드루가 사람들 속에서 살아가는 데 이 능력을 쓸 일이 있을 거라 생각해서 끊임없이 눈으로 찍듯이 읽은 것들을 손으로 (타이프, 컴퓨터) 자판을 칠 수 있도록 도왔고, 앤드루에게는 그것이 취미생활처럼 익숙해졌습니다.

앤드루는 음악치료를 통해 '시를 써서 노래를 만드는' 과정을 접하게 되었고, 이를 계기로 꾸준히 시를 써서 약 30여 편의 시를 모아 시집을 출판하고 자폐시인으로 알려지기도 했습니다. 또한 많은 사람들과 사회생활을 하지는 못했지만 대신 선택했던 취미생활 덕분에 자신의 삶을 직접 글로 적어서 자서전을 출간했습니다. 최근 중년의 나이가 된 이 아름다운 자폐시인 앤드루의 이야기는 자폐라는 장애에도 불구하고 다양한 시도들—시인, 마라톤, 자서전 집필—을 통해 '행복하게 살아가기 위한 노력과 과정 그 자체'만으로도 이미 많은 것을 가지고 있으면서 무엇도 하지 못하는 평범한 사람들의 가슴을 울리는 영화로 제작되어 2014년 4월 '세계 자폐인의 날'에 맞추어 전 세계에 개봉되었고, 앤드루는 캐나다 온타리오 주 구엘프 시에서 주는 〈2014년 훌륭한 시민상〉을 받았습니다. (영화제목 : 『Holding In The Storm』)

더 놀라운 사실은 이 영화에서 앤드루의 역할을 맡은 청년 역시 자폐스펙트럼장애를 앓고 있으며, 실제로 앤드루의 보호견인 유콘(Yukon)이 영화에 출연한다는 것입니다. 이렇게 앤드루가 자신의 강점을 자라게 하는 과정은 다른 이들에게도 자신의 숨어 있는 재능을 발견할 수 있는 놀라운 기회를 제공할 수 있게 됩니다. 앤드루는 이렇게 말합니다.

"모든 사람은 보이지 않는 다리로 연결되어 있다. 그런데 그 다리들 사이에는 크고 작은 장애물이 있어 그것들을 넘어야만 다른 사람과 만날 수 있다. 그 장애물을 넘어서 만난 사람들은 서로의 가진 능력을 나눌 수 있을 것이다."

그래서 앤드루는 'Bridges-over-barriers'라는 자조그룹을 만들고, 장애를 가지고도 매일 자신의 강점들을 찾아내기 위해 최선을 다하는 '성공적인' 삶을 캐나다뿐만 아니라 전세계인에게 알리는 라이프 셰어링(Life Sharing) 운동을 전개하고 있습니다.

강점과 약점 다시 보기

모든 사람에게는 강점과 약점이 존재합니다. 이 말은 모든 사람은 '다르다'는 것을 의미할 수도 있습니다. 내향적일 수도, 외향적일 수도 있는 것인데 특히 그 개인이 아동, 청소년일 경우에 부모는 아이가 가진 성향조차도 걱정거리가 되기 쉽습니다. 즉 내향적인 아이를 가진 부모는 아이가 친구들과 어울리는 데 소극적이고 자신감을 잃을까 봐 걱정하고 외향적인 아이를 가진 부모는 너무 자기주장이 강해서 친구들과 갈등이 발생할까 봐 걱정하기도 합니다. 부모는 아이가 어떠해서가 아니라, '부모이기 때문에' 내 아이를 위해 무엇인가 해줄 수 있는 좋은 부모가 되기 위해서라도 아이에게 부족한 점을 기어코 찾아내 도와주려고 합니다. 아이가 원하든, 원하지 않든 말입니다. 그럴 때 제가 부모님께 드리는 말씀이 있습니다.

대한민국 국민 대부분이 아는 예능 프로그램 〈1박2일〉의 구성원을 예로 들어보겠습니다.[1] 강호동(캐릭터)은 누가 보아도 관계지향이며 훈습 & 표현형임에 반해,

---

[1] 지금 예에서 언급되는 특정 이름은 프로그램에서의 '캐릭터'로 이해하시면 됩니다.

김C는 사물지향이며 연구&함유형입니다.

① 누가 더 좋은 걸까요? 부모님은 어느 쪽이 더 좋다고 생각하시나요?

② 만약 〈1박2일〉 6인의 구성원이 모두 강호동 같다면, 아니면 모두 김C 같다면 어떨까요?

③ 심지어, 모든 구성원이 이승기 같다면 장수 프로그램으로 성공할 수 있었을까요?

정답은 없습니다. 각 개인에 따라 선호도의 차이가 있을 수는 있지요. 그런데, 강호동 성향의 부모에게 김C 성향의 자녀가 있거나 김C 성향의 부모에게 강호동 성향의 자녀가 있다면 가정에서 어떤 상황이 일어날까요? 문제는 강호동같은 자녀를 가진 부모님도, 김C같은 자녀를 가진 부모님도 대부분 엄친아의 대표인 이승기같은 자녀를 원한다는 것입니다.

정작 이승기 부모님께서는 자녀에 대한 걱정이나 불만이 없을까요? 그리고 이승기는 어렸을 적부터 시종일관 지금 같은 모습이었을까요?

상담과 부모교육을 하면서 만나게 되는 부모님들께 자녀의 단점(걱정거리)을 물으면 단번에 열 가지가 넘는 걱정거리를 말씀하십니다. 그런데 자녀의 장점을 물었을 때 5개 이상을 금방 찾아내시는 부모님을 만나기는 그리 쉽지 않습니다. 대부분의 부모님들이 염려하고 걱정되는 마음에, 즉 '모두 잘되라고 하는' 조언과 잔소리라고 하지만, 또 대부분의 자녀들은 부모의 진심을 헤아리기보다는 '그렇게까지 지시하고 간섭해야 할 만큼 내가 부족하다는 뜻인가' 혹은 '(부모님이 바꾸기를 바라고 기대하는) 내가 가진 것-성향, 능력, 강점, 선호 등-이 보잘것없는 건가'라는 의문을 가지고 있음을 알게 될 때 안타까울 수밖에 없습니다.

〈1박2일〉에는 강호동도, 김C도, 이승기도 필요합니다. 그런데 강호동에게 김C의 역할을 하게 하거나, 김C에게 강호동 역할을 맡기면 그 프로그램은 성공하지 못했을 것입니다. 끊임없이 사람들 속에서 생활해야 하는 사람은 연구실에서 결과물이 나올 때까지 몇 날 며칠을 혼자서 실험에 매진해야 하는 일에서 행복하기 어렵습니다. 반대로, 혼자서 글을 쓰는 것이 편한 사람에게 자신의 글을 알리기 위해 매일 사교적인 모임을 나가라고 한다면 그것은 고역이 되겠지요.

즉, 부모님이 지금 장점이라고 생각한 부분이 상황에 따라 단점이 될 수도 있고, 무엇보다 지금은 부족하게 느끼고 개선해주어야 하는 단점이라고 생각했던 부분이 다른 상황에서는 누구도 가질 수 없는 강점이 될 수도 있음을 기억해야 합니다.

그러므로 이렇게 자녀의 장단점을 알고 이를 통해 아이의 강점을 키워주기 위해서 필요한 것 중에 적성검사, 다중지능검사보다 더 강력한 도구는 바로 부모님의 관심입니다. 대부분의 부모님들이 유아기까지는 남다른 발달속도를 보이거나 '창의적인' 능력이 있어서 반짝반짝 빛나기를 바라고, 학령기에는 엄친아라는 사회성 이상형을 만들어 놓고 반듯하기를 바라고, 또 성인기에는 이 두 가지를 합친 무난하면서도 자신만의 능력을 펼치는 그런 사회인이 되기를 바랍니다.

그런데 그런 TV에나 나올 법한 이상적인 모습의 자녀들이 바라고 기대하는 부모는 어떤 부모일까요?

아이를 믿지 못해 불안해하면서 그 불안을 아이에 대한 걱정과 간섭으로 포장한 부모일까요? 아닐 것입니다. '있는 그대로의 모습을 인정해주면서 다른 사회적 영역에서 제공해줄 수 없는 따뜻한 양육적 보살핌을 기반으로 하는 관심'이야말로 자녀의 장단점을 가장 잘 알아낼 수 있는 도구이며, 이를 통해 궁극적으로 강점을 극대화할 수 있는 최강의 무기가 됩니다.

창의성 다시 보기

한편, 강점선호능력이라는 것은 당장 눈에 띄는 특별한 능력이 아닐 수도 있으며, 오히려 현재 나 자신이나 내 자녀의 모습이 강점선호능력은 다소 부족하게 느껴질 수도 있습니다. 그렇지만 진정한 강점선호능력은 그 능력을 어떻게 보호하고 키워나갈 수 있느냐 하는 과정 속에서 확인될 수 있을 것입니다.

최근 부모님과 교육현장은 특히 '창의성 개발'에 온 힘을 쏟고 있습니다. 창의성 교육안과 교재 역시 현기증이 날 정도로 쏟아져 나오고 있습니다. 상담현장에서는 현재 조금 부족해 보이는 아이들뿐만 아니라, 현재 너무 뛰어나서 학교나 가정에서 적응의 어려움도 많이 겪는 경우를 만나게 됩니다. 이 모든 아이들이 창의성 수업을 하고 있습니다.

창의적이거나 영재적 속성을 가진 경우, 어렸을 적에 '엉뚱하다'는 표현을 많이 듣게 됩니다. 다르다는 것이지요. 그렇지만 '엉뚱하다'고 해서 다 영재가 아님을 기억해야 합니다.

창의성의 기준을 정한다는 것은 결코 쉬운 일이 아닙니다. 기준을 정해 놓아야

사례 1 아이러니하게도 현재의 능력이나 발달과제 성취 수준과는 관계없이 '창의성 개발'교육을 많이 받은 아이들일수록 창의적인 과제 앞에서 무력해지는 모습을 종종 보게 됩니다. 예를 들어 다양한 놀이와 미술활동 그리고 음악활동을 통합해서 자유로운 즉흥성과 창의성을 보기 위해서 주제를 제시하고 자신의 느낌이나 생각대로 연주해보자고 했을 때, 오히려 '창의교육'이라는 이름하에 선수학습과 예술기능적 능력의 향상에 초점을 맞춘 교육을 꾸준히 받아온 아이들은 '교재에서 배운 창의성의 범위'를 벗어나는 진정한 창의적 발상 및 활동을 하지 못하는 경우가 많습니다. 그래서 자유롭게 연주해보라고 했을 때 "얼마만큼 해요?", "누가 먼저 시작해요?", "반주는 안 나오나요?", "정해진 시간이 있나요? 언제까지 해야 해요?"라고 너무 많이 생각하고 너무 많은 질문을 던지느라 집중하지 못하고, 정작 연주를 시작하고도 자신의 감정과 연주 등에 집중하지 못하고 주변의 반응을 살피거나, 배경음악에 맞추거나, 자신이 배운 연주기술을 보여주느라 주변 친구들과의 즉흥연주를 즐기지 못하는 경우가 많습니다.

사례 2 자녀의 '창의적 사고'를 존중하라는 불편한 마법에 걸려서 아이의 발달연령에 적절하지 않은 피드백을 제공하는 경우도 있습니다. 어느 유치원에서 선생님이 자연관찰시간에 "문어는 다리가 8개란다."라고 했습니다. 한 아이가 손을 들고, "선생님, 다리가 10개인 문어도 있나요?"라고 물었고, 선생님은 다리가 10개인 것은 오징어이고, 8개는 문어라고 알려주셨습니다. 그런데, 그날 저녁에 그 선생님은 한 통의 전화를 받게 됩니다. 낮에 질문했던 그 아이의 어머님께서 전화를 주셔서, 돌연변이 문어라면 다리가 10개일 수도 있을 텐데, 굳이 다른 아이들 앞에서 면박을 줄 필요가 있었느냐고 하시면서 아이의 창의성을 인정해 달라고 하셨다고 합니다.

한다는 것 자체가 창의적인 사고와 활동을 제한할 수 있기 때문입니다. 그러나 우리가 옷을 입을 때도 T.P.O.(시간, 장소, 상황 : Time, Place, and Occasion)가 있다고 하듯이, 창의성을 발휘하는 것도 적절한 상황에 맞도록 조율할 수 있는 탄력성(resilience)[2]이 함께 고려되어야 합니다. 즉, 학교에서 과학상상화를 그린다고 할 때, 학원에서 그리고 집에서 수차례 연습하고, 학교에 가서 연습한 그대로 그린 상상화로 상을 받게 하는 게 진정한 창의성 교육인지에 대해 한 번쯤은 생각해보아야 합니다.

나는 빛나는 보석이다!

종종 자신의 능력을 잘 알고 개발해서 사회적으로 큰 성공을 한 '보석처럼 반짝반짝 빛나는' 사람들에게는 반드시 드라마틱한 시련이 있었다 합니다. 그래서 큰 시련이 있었기에 성공할 수 있었다고 실제로 성공스토리를 소개하는 사람들이 공식처럼 말을 하기도 하지요. 하지만 저는 다르게 생각합니다.

---

[2] 자아탄력성, 회복탄력성 또는 탄성이라고도 하며, 특별한 사건으로 인한 충격, 스트레스, 문제 등으로 영향을 받더라도 되돌아올 수 있는 힘과 자신의 심리적 안정감과 건강성을 지키기 위해 정서, 행동을 조율할 수 있는 능력을 뜻합니다.

누구에게나 시련은 옵니다. 다만 자신의 능력과 건강한 마음가짐과 자신을 믿고 기다려주는 사람들과의 관계 안에서 온몸으로 부딪히는 과정 속에서 시련도 함께 성장을 했던 것이고, 그것을 극복했기에 그 시련조차도 넘을 수 있는 방해물에 불과했던 것입니다. 반면에 시련 앞에 무릎 꿇은 사람은 그 시련이 실제로 얼마만 한 크기였는지 확인할 방법이 없을 뿐입니다. 그래서, 시련을 극복한 사람은 자신의 노력에 대한 기특함 때문에 웃을 수 있는 것입니다.

긍정심리학의 효시인 Martin E. P. Seligman은 그의 『긍정심리학』이라는 저서에서 행복하게 성공하기 위한 네 가지 필수조건을 언급했는데, 그것은 타인의 입장을 이해하는 마음, 자신의 욕구를 참을 수 있는 인내력, 긍정적 사고, 그리고 유머감각입니다. Seligman의 이러한 주장이 시사하는 바는, 결국 능력을 알아채고 이를 계발하면 성공할 수 있지만 사회적으로 성공했다고 평가받는 사람들이 모두 행복하다고 느끼지는 않는다는 것과, 그러므로 행복하게 성공하기 위해서는 (1) 능력뿐만 아니라 (2) 성격, (3) 심리상태를 잘 조절하고 (4) 사회적 관계 안에서 즐거움을 느끼는 과정이 축적되어야 한다는 필자의 의견과 일맥상통하고 있습니다.

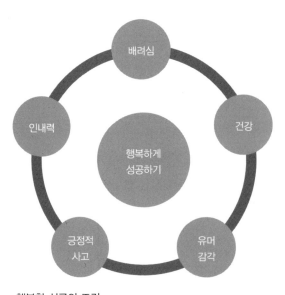

행복한 성공의 조건

한편 배려심, 인내력, 긍정적 사고, 유머감각과 함께 필자는 한 가지를 더 추가하고 싶은데, 그것은 '건강'입니다. 사람의 몸과 마음이 따로 있지 않으므로, 건강하게 자신의 심리상태를 잘 조절해서 능력을 계발하기 위해서는 신체적 건강 역시 가장 필수적인 조건이 될 것입니다. 특히 건강불안부터 심리사회적 불안감이 높게 팽창되어 있는 지금의 사회에서는 각 개인이 인지하는 주관적 건강에 대한 이해는 필수적일 것입니다.

다른 사람과 다른 특별한 능력을 가진 사람이 모두 행복하게 성공하지 못하지만, 행복하게 성공할 수 있는 사람은 결국 어느 한 영역에서는 누구보다도 빛나는 보석같은 능력을 가진 사람이었을 것이라고 결론지을 수 있는 것도 이러한 맥락에서 가능합니다.

빛나는 보석으로 살아가기

누구나 빛나는 보석이 될 수 있습니다. 진흙에 묻혀 있을 수도 있고 깊은 심해에 가라앉아 있는 조개 안에서 자라고 있을 수도 있지만, 누군가가 찾아주거나 깨끗하게 닦아주기만 해도 그 자체로 빛을 발하는 보석처럼 모든 사람은 저마다 특별한 색과 빛을 가진 보석입니다. 하지만 아무나 빛나는 보석이 될 수는 없습니다. 영원히 진흙 속에서 또는 조개 안에서 빛을 보여주지 못하는 원석으로 남아 있지 않기 위해 많은 시간과 노력이 필요한 것입니다.

■ '나' 이해하기

나를 구성하는 요소로는 (1) 개인(아동, 청소년), (2) 부모, 그리고 (3) 환경이 있습니다. 개인의 영역에는 인지능력(학습능력, 실행능력 포함), 성격(기질, 성향, 반응양식), 현재의 심리상태, 자신의 사회적 대처기술능력이 있으며, 부모의 성향과 심리, 그리고 이의 영향을 받는 양육태도와 함께, 부모 이외의 각종 사회적 관계를 포함하는 사회적 영역 모두가 '나'를 구성하고 있으므로, 자신을 이해하기 위한 노력은 꾸준히 계속되어야 합니다.

■ 살아있는 꿈 찾기

나를 이해하는 과정에서 나의 강점과 약점을 알고, 이러한 나의 특성을 살리거나 극복하면서 잘할 수 있고, 하고 싶은, 즉 살아있는 나비와 같은 꿈을 찾아야 합니다. 좀비같은 꿈으로 현실을 회피하거나 자신의 생명력을 폄하하지 않도록 노력해야 합니다.

■ 기꺼이 시련을 겪어내기

어릴 적에 영재로 알려졌다고 해서 모두 성공하지 않습니다. 또한 성공했다고 해서 모두 행복하지 않습니다. 잘할 수 있고, 잘하고 싶어서 노력할 가치가 있는 무엇을 찾고 얻기 위해서 노력하는 사람에게는 반드시 시련이 오기 마련이고, 그 시련은 그 사람과 함께 성장합니다. 그리고 그 시련을 극복해낼 때 행복하게 성공하는 사람이 될 수 있습니다. 즉, 건강한 성장을 위해서는 스트레스가 없게 하는 것이 아니라 스트레스를 다루는 것이 관건이 됩니다.

■ 부모의 역할 : 등대같은 부모가 되어 주기

부모는 내가 나를 찾고, 나를 발전시켜 가는 과정을 지켜봐주고 보호해주는 울타리의 역할을 하는 사람입니다. 가끔 내 자녀를 너무 사랑해서 지나치게 보호하려 하거나, 험한 세상에서 살아남을 수 있는 저력을 키워주기 위해 과도하게 강한 가르침을 주려 할 때 오히려 아이들은 자기 자신을 부족하고 자랑스럽지 못하다고 인식하게 됩니다.

등대는 육지에서 바다로 이어지는 끝에 서서 불빛을 비춰주며 멀리 나가는 배에게 길을 알려줍니다. 아무리 배가 멀리 나가야 해서 걱정이 되더라도 등대가 원

양어선을 따라가지는 않습니다. 그 자리에 서서 불을 비춰주기만 합니다. 그러면 멀리 나갔던 배도 그 불빛을 따라 돌아와야 할 곳으로 결국에는 돌아오게 됩니다. '등대같은 부모'가 되어 주세요.

■ 멘토 찾기

나의 평생을 함께해줄 수 있는 가장 이상적인 멘토는 물론 부모님입니다. 그러나 매 순간 부모가 객관적으로, 전문적으로 자녀의 갈 길을, 꿈을 함께하는 가이드 역할을 하기는 쉽지 않습니다. 나의 꿈과 진로를 고민하는 과정에서 멘토가 되어 줄 수 있는 사람을 찾고, 가능하다면 만나보는 것도 좋은 계기가 될 수 있습니다.

멘토가 될 만한 사람을 발견했다는 것은 그 사람의 현재 성공적인 결과에 초점을 두는 것이지만, 실제로 그 사람들의 성장과정이나 지나온 경험들을 살펴보면 수많은 실수, 실패, 좌절과 시행착오가 어느 누구에게나처럼 똑같이 있었음을 알 수 있습니다. 다만 그럴 때마다 그 사람 옆에 누가 있었고, 어떠한 다른 대처를 했었는지를 구체적으로 알게 되면 자연스럽게 나의 꿈 역시 구체적이고 활동하는 꿈으로 만드는 주요한 자원을 얻게 될 것입니다.

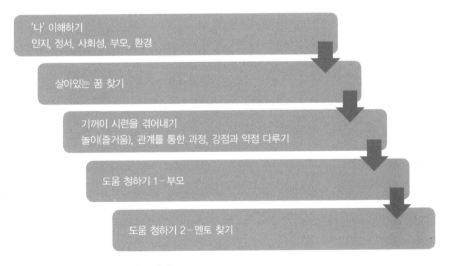

'나' 이해하기
인지, 정서, 사회성, 부모, 환경

살아있는 꿈 찾기

기꺼이 시련을 겪어내기
놀이(즐거움), 관계를 통한 과정, 강점과 약점 다루기

도움 청하기 1 - 부모

도움 청하기 2 - 멘토 찾기

원석에서 빛나는 보석이 되는 과정

05

마음자람 프로그램

마음자람 프로그램 학교에서 적용하기

최근 학령기 아동·청소년을 상담하면서 가장 많이 만나게 되는 주호소 문제는 크게 개인의 정서적 부적응행동과 ADHD/틱 증상 등 의학적 진단영역에 들어가는 증상행동으로 인한 문제, 그리고 또래관계 등에서 발생하는 학교폭력과 따돌림, 이로 인한 등교거부와 마지막으로 부모-자녀관계 등이 대다수를 차지합니다.

이전에는 학교폭력이나 집단따돌림 등의 사건이 발생하면 그 가해자 혹은 피해자의 개인적 성향이나 가족문제에 집중하려는 경향이 강했지만, 최근에 오면서 학교폭력이나 집단따돌림은 개인의 문제를 넘어 지속적으로 상호작용하는 사회적 환경에서 권력(힘)의 균형이 깨어지는 것에 초점을 맞추고 개인, 그리고 가정에서뿐만 아니라 학교와 지역사회가 함께 아동·청소년의 정신건강과 심리적 안정에 도움을 주고자 하는 노력이 활발하게 이루어지고 있어서 매우 다행스럽습니다. 다만 이러한 노력들이 개인을 포함하는 가정, 학교, 그리고 지역사회로 분리되어 이루어지면서 긴밀한 연계가 이루어지지 않음으로써 사회적으로 많은 경제적, 시간적 비용을 투자하고도 현실적인 효과를 거두지 못하고 있음은 매우 안타까운 현실이기도 합니다.

이러한 현실을 개선하기 위한 대안으로서, 학교에서 개인심리상담을 접목해서 병행하고자 할 때에는 반드시 고려해야 할 부분들이 있습니다.

학교교육상담 연합모형

학교에서 개인의 심리적 안정과 학교에서의 적응을 돕기 위해 심리상담을 적용하려고 할 때에는 반드시 분화되고 전문화된 시스템을 통해 다각적으로 이루어져야 합니다.

즉, 제시된 학교교육상담 연합모형처럼 (1) 학급대상 전체교육, (2) 주제 포커스 그룹, (3) 개별상담 지원, (4) 부모교육이 함께 이루어져야 합니다. 학급인원 전체

학교교육상담 연합모형

혹은 주제별로 8~12명 정도를 대상으로 하는 주제 포커스그룹의 경우 반드시 지켜야 할 원칙이 있습니다.

첫째, 쉬워야 합니다. 너무 많은 내용을 한꺼번에 알려주고 정보를 제공하려다 보면 프로그램을 제공하는 상담자나 교육자는 의미 있다고 생각함에도 불구하고 학생들이 집중하지 못하는 경우가 있습니다.

둘째, 재미있어야 합니다. 학생들은 매우 일찍부터 자극적이고 흥미로운 미디어 매체에 노출되었기 때문에 아무리 중요하고 의미 있는 내용이라 해도 재미가 없으면 참여도는 낮아질 수밖에 없습니다. 그래서 학생들과 진행하는 대부분의 프로그램은 음악, 미술, 놀이 등의 활동을 통해 이루어지게 되며 주제를 일관되게 전달하기 위해서 지속적인 프로그램 개발과 함께 반드시 전문가를 통한 검증(슈퍼비전)이 이루어져야 합니다.

셋째, 비직접적인 방법을 사용해야 합니다. 어떠한 주제든 그룹상황에서 개인적인 주제(가족사, 개인의 문제 등)가 노출될 때는 이에 대한 위험부담이 따르게 됩니다. 즉, 학교라는 제한된 공간의 특수성상 비밀보장의 문제와 프로그램이 진행되지 않을 때 보호 역할을 맡는 교육자와의 관계에서의 경계를 명확히 하려면 개인적인 주제가 직접적이고 깊게 드러나지 않아야 합니다.

넷째, 프로그램에 참여하는 학생이 있는 학급의 담임이 진행하지 않아야 합니다. 심리상담에서는 '이중관계'라고 해서 개인적인 이슈를 다루어야 하는 상담의 특성상 공적관계과 사적관계가 중첩이 되는 경우에는 어떠한 이유로든 상담을 진행하는 것을 지양하고 있습니다.

다섯째, 학급 전체 또는 주제 포커스그룹의 경우 4회기 정도의 프로그램이 가장 적절합니다. 4회기 이상이 진행될 경우에는 그룹의 과정을 객관적으로 평가해 주고 조율할 수 있는 외부 전문인력과의 협력적 관계가 반드시 필요합니다.

이러한 원칙을 잘 유지하면서 그룹 프로그램이 진행되는데 개인적인 이슈가 깊어 그룹에서 집중해서 도움을 줄 수 없는 학생의 경우에는 개별적인 상담을 제공하고 다양한 형태의 부모교육상담이 병행된다면 가장 이상적인 형태의 학교교육상담이 이루어질 수 있을 것입니다.

학교교육상담 과정모형(SORD)

한편, 그룹으로 이루어지는 학교교육상담에서 1회 또는 4회 이하의 포커스그룹이 아닌 8회기 이상 프로그램이 진행되는 경우에는 그룹 내에서 심리적 역동이 발생할 수 있으므로 학교 내의 교육전문가, 심리상담 전문가의 사례관리 또는 협력이 요청되며, 그 프로그램에서 얻고자 하는 목표와 주제를 중심으로 하는 프로그램 활동들을 제공하는 과정에서도 반드시 각 개인의 심리내적, 사회적 영역을 탐색할 수 있는 활동이 제공되어야 합니다.

아래에 소개된 학교교육상담 과정모형(SORD)은 우리 아동·청소년들이 험난

학교교육상담 SORD 과정모형

한 세상을 헤쳐나갈 수 있는 자신만의 강력한 무기가 되는 검(劍, Sword)을 상징합니다. 옛날 영국 남부에 위치한 솔즈베리의 어느 바위에 꽂혀 있었던 칼 한 자루에 대한 전설이 있습니다. 이 칼에는 '검을 뽑는 자가 바로 잉글랜드의 왕이다'라는 글이 씌어져 있었다고 합니다. 이 칼을 뽑아 들게 되는 아더왕과 원탁의 기사의 전설은 지금까지도 전 세계에 전해져 오고 있는데, 마치 이 아더왕의 검 엑스칼리버처럼 학교교육상담 과정모형(SORD)은 우리 자녀들이 자기 삶의 주인이 되는 힘을 실어 주고, 자신을 이해하는 것에서 출발해서 꿈을 찾아가는 과정 그 자체가 궁극적으로 자신의 강점으로 발현될 수 있게 할 것입니다.

　전체 프로그램은 자기탐색(Self) → 타인 이해(Others) → 관계기술(Relationship) → 꿈 찾기(Dreaming)라는 주제로 진행될 수 있으며, 이 중에서 중점적으로 진행하려는 주제의 경우 회기를 상대적으로 길게 배치해 집중하도록 도울 수 있다면, 현재 학교나 교육상담 현장에서 '예쁜' 퀼트조각을 짜맞춰서 이불을 만드는 것처럼 좋은 프로그램들을 다 적용하고 있음에도 불구하고 궁극적인 효과를 보지 못하는 것과는 달리 각 주제별 프로그램들이 서로 연결되어 도움을 줄 수 있습니다.

　더불어 각 시/도 단위로 운영되는 청소년 지원센터, 건강가정지원센터, 교육청

Wee클래스와의 연계 혹은 지역 대학과의 연계를 통한 학습멘토링 도입 등은 학교교육상담 시스템을 지속하고 강화해주기 위해 필요한 가족지원이 취약할 경우에는 특히 이러한 지역사회 서비스와의 연계가 현실적인 조력자의 역할을 할 수 있습니다.

마음자람 프로그램 – 통합심리놀이편

회기	목표	제목	중재 영역
1	자신 & 타인 이해	나는 누구! 너는 누구? 그룹원에게 형용사 선물하고 짝 소개	놀이
2		다름이 미덕이다	음악 & 미술
3		인간태양계	미술
4		마법수프	미술 & 음악
5		무인도 가기	미술 & 음악
6	마음자람	마음지도	미술
7		홀대감정 편지쓰기	놀이
8		미라 부활	놀이
9	관계기술	강점시장놀이	놀이
10		강점부적 만들기 (카드, 우산, 옷, 노래 등)	미술 & 음악
11		대화카드놀이	놀이
12	꿈과 희망	타임머신 (자기소개서, 유언장, 비망록 등)	놀이

※ 주제별로 1회를 기준으로 하되, 진행 가능한 횟수에 따라 주제별로 회차와 세부내용을 조정
할 수 있습니다.

※ 연령 및 성별, 주호소에 따라 프로그램 세부진행에 변경이 있을 수 있습니다.

※ 그룹으로 진행될 때, 개인적인 주제는 너무 깊이 다루지 않음을 원칙으로 합니다.

마음자람 통합심리놀이 프로그램 워밍업 – 감정카드

1. 첫 번째를 제외한 매회 프로그램이 시작될 때 감정카드를 나누어 준다.

2. 일주일 또는 그날 하루를 돌아보면서 기억나는 일을 떠올리며 눈에 띄는 카드
를 하나 선택한다.

3. 선택한 카드에 적힌 감정을 소개하고, 그 상황을 나눈다. 이때 리더도 그룹원도
평가나 훈계 없이 선택한 감정을 다시 한 번 확인해주는 것에 집중한다.

> **Tip** 그룹원 4명을 기준으로 한 세트의 감정카드를 바닥에 흩뜨려 놓고 고르게 할 수도 있고 4~6명인 경우 개인별로 1세트의 감정카드를 주고 각자 고를 수도 있다. 대그룹의 경우, 감정목록을 주고 눈에 띄는 단어 3개를 고르고, 그중에서도 오늘 그룹원과 나누고 싶은 감정에 ★를 할 수도 있다.

4. 감정/상태카드[1] 단어목록

즐겁다	허무하다	뿌듯하다
좋아진다	화난다	열받는다
안도한다	자랑스럽다	활기차다
무시당했다	안절부절못하다	신난다
흥분된다	아무것도 하고 싶지 않다	좌절스럽다
괜찮다	심각하다	환호성을 지르고 싶다
행복하다	짜증난다	미안하다
좋기도 하고, 싫기도 하다	욕하고 싶다	부끄럽다
슬프다	외롭다	후회스럽다
자신있다	기진맥진하다	한심하다
답답하다	희망차다	상처입었다
무얼 해도 신이 나지 않는다	(점점) 좋아진다	자신없다
심장이 두근거린다	한숨이 난다	설렌다
두렵다	무섭다	심각하다
기분이 오싹하다	눈물이 날 것 같다	만족하다
부럽다	궁금하다	실망스럽다
질투가 난다	어쩔 줄 모른다	편안하다

---

[1] 감정카드 또는 단어목록은 많이 사용하는 기법 중 하나지만, 제시한 단어는 실제 저자가 2000년부터 아동, 청소년, 성인을 만나 함께 작업하면서 모은 대표단어입니다. 그리고 이를 어떻게 '지속적으로' 사용하면서 '감정'단어에 노출되고 익숙해지게 하는지가 관건인 활동입니다.

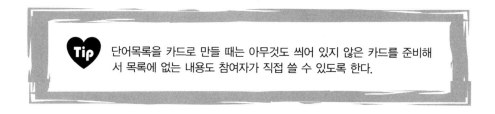

Tip 단어목록을 카드로 만들 때는 아무것도 씌어 있지 않은 카드를 준비해
서 목록에 없는 내용도 참여자가 직접 쓸 수 있도록 한다.

마음자람 통합심리놀이 프로그램 셰어링－만다라[2] 그리기

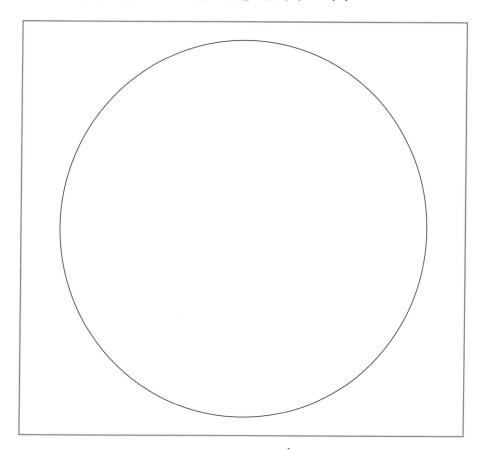

① 동그라미 내부를 꾸민다. 그림을 그리거나 색칠할 수 있다.

---

[2] 우주의 모든 덕을 담은 불화(佛畵)를 의미하며 명상, 미술치료뿐만 아니라 모래놀이치료에서도 사
용되는 기법입니다. 본 프로그램에서는 셰어링 단계에 사용함으로써 심리이완과 함께 본활동을
마무리하면 일상으로 돌아오는 다리 역할을 주로 하게 되며, 매주 똑같은 작업을 하게 되므로 점
진적으로 변화하는 모습을 통해 참가자의 심리변화 예측이 가능하므로 그 '과정'에 의미를 부여
합니다.

② 원의 내부를 분할하는 경우, 마주치는 면은 다른 색깔을 칠한다.

③ 최소한 한 가지 이상의 색을 사용해야 한다.

마음자람 프로그램 1회

제 목	나는 누구! 너는 누구?		
내 용	나와 서로를 알 수 있는 형용사게임과 인터뷰게임		
인 원	그룹당 4~8명	형 태	게임놀이
워밍업	감정카드로 생활 나누기	셰어링	만다라 그리기
준비물	큰 명찰, 매직펜, 색연필, 사인펜, 필기도구, 만다라 도안, A4 용지, 옷핀		

1. 워밍업 – 감정카드로 생활 나누기

2. 리더가 프로그램을 소개하고 그룹의 규칙을 알려준다. 그룹의 규칙은 간단한 토론을 통해 함께 만들 수 있다.

3. 형용사게임

① 리더가 미리 준비한 명찰과 자기소개 질문지 (1), (2)를 작성하게 한다.

② 명찰에는 자신을 상징하거나, 혹은 그렇게 되고 싶은 내용이 담긴 별명을 쓴다.

③ 명찰은 목에 걸고, 비어 있는 A4 용지를 각자의 등에 옷핀으로 고정한다.

④ 자기소개지와 필기도구를 손에 들고 그룹이 자연스럽게 원을 만든다.

⑤ 리더의 '시작' 신호와 함께 자유롭게 걷다가 만나는 사람과 가볍게 인사를 나누고, 자신의 명찰에 적힌 별명과 자기소개지를 보며 간단한 자기소개를 1:1로 나눈다.

⑥ 두 사람 모두 자기소개를 마치면 상대방 등에 있는 A4 용지에 대화를 나누면서 떠오른 느낌 형용사를 최대한 간단히 적어준다.

⑦ 같은 방법으로 가능한 한 많은 그룹원과 인사를 나누고, 자기소개를 하고, 상대방의 등에 느낌 형용사를 적어준다.

그룹원이 4~6명인 경우에는 모든 그룹원과 형용사를 나눠 가질 수 있
도록 하고, 큰 그룹의 경우 리더가 최소한 등에 적힌 형용사가 4~6개
가 될 수 있도록 만남을 갖게 한다.

 프로그램이 모두 끝날 때까지, 궁금해도 자기 등에 적힌 형용사는 확인
할 수 없다.

4. 인터뷰게임

① 형용사게임을 마치면서 마지막에 만난 그룹원과 짝을 이룬다.

② 서로 상대방을 인터뷰하는 기자가 되어, 자기소개 질문지 (2)를 중심으로 적
힌 질문과 그 이외에 더 자세히 알고 싶거나 궁금한 것들을 자세히 물어보고
대답한다.

③ 자신이 꼭 이야기하고 싶은 것을 최소한 5개를 미리 ○를 해서 말하고, 상대
방(기자)은 자신이 묻고 싶은 것을 최소한 7개를 △를 해서 이를 중심으로
이야기를 나눈다.

④ 한 팀씩 나와서 인터뷰한 내용을 바탕으로 상대방을 소개한다.

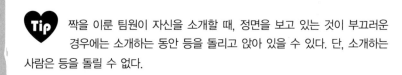 짝을 이룬 팀원이 자신을 소개할 때, 정면을 보고 있는 것이 부끄러운
경우에는 소개하는 동안 등을 돌리고 앉아 있을 수 있다. 단, 소개하는
사람은 등을 돌릴 수 없다.

5. 셰어링 − 나 알기 & 만다라 그리기

① 형용사게임과 인터뷰게임이 모두 끝나면 리더를 중심으로 동그랗게 앉는다.

② 자신의 등에 적힌 종이를 떼서 적혀 있는 형용사를 확인하고, 각자 느낌을

나눈다.

③ 오늘의 느낌을 생각나는 대로 만다라 도안에 표현한다(그리기, 색칠하기 등).

6. 부록 – 자기소개 질문지[3] (1) : 이름표/별명을 위한 질문지 샘플

나는 누구일까? PART-1	
이름	
나이/학년	
장래희망 또는 이루고 싶은 나의 모습	
1. 나를 표현할 수 있는 형용사는?	
2. 나를 표현할 수 있는 동물은?	
3. 나를 표현할 수 있는 물건/사물은?	
4. 나를 표현할 수 있는 음식은?	
5. 나를 표현할 수 있는 음악은?	
6. 나를 표현할 수 있는 색깔은?	
별명을 정한다면? _____ 별명을 정한 이유는? _____	

[3] 개인의 생각과 정서행동을 파악하기 위해 심리평가에서 사용되는 심리검사도구 중 문장완성검사(SCT)는 문장의 일부가 주어지면 자연스럽게 연상되는 말로 문장을 완성합니다. 자기소개 질문지는 이러한 형태를 차용하여 아동·청소년을 위한 다양한 교육상담그룹에서 서로를 알고 표현하는 데 필요한 질문들을 모아 재구성하였습니다.

7. 부록－자기소개 질문지 (2) : 다음에 주어진 문장을 완성하세요.

나는 누구일까? PART－2
(1) '나다움'을 결정하는 데 절대로 포기할 수 없는 특징은
(2) 내가 어렸을 때는
(3) 나를 가장 기분 나쁘게 하는 것은
(4) 내가 지금보다 더 행복해지려면
(5) 내가 제일 두려워하는 것은
(6) 내가 그것만은 하지 말았으면 하고 후회하는 일은
(7) 내가 열심히 살아야 하는/살고 싶은 이유는
(8) 나를 가장 괴롭히는 것은
(9) 나의 장점은? ＿＿＿＿＿＿ , ＿＿＿＿＿＿ , ＿＿＿＿＿＿ 　　　단점은?　 ＿＿＿＿＿＿ , ＿＿＿＿＿＿ , ＿＿＿＿＿＿
(10) 내 어머니를 떠올렸을 때 생각나는 단어 세 가지 (명사, 형용사 등) 　＿＿＿＿＿＿ , ＿＿＿＿＿＿ , ＿＿＿＿＿＿
(11) 내 아버지를 떠올렸을 때 생각나는 단어 세 가지 (명사, 형용사 등) 　＿＿＿＿＿＿ , ＿＿＿＿＿＿ , ＿＿＿＿＿＿
(12) 나의 부모님은 나를 ＿＿＿＿＿＿＿＿＿＿＿＿＿＿＿＿＿
(13) 나의 형제(자매)는 나를 ＿＿＿＿＿＿＿＿＿＿＿＿＿＿＿
(14) 나의 친구들은 나를 ＿＿＿＿＿＿＿＿＿＿＿＿＿＿＿＿＿
(15) 아무도 모르는 곳으로 여행을 떠난다면 나는 ＿＿＿＿＿＿로 가고 싶다.
(16) 아무도 모르는 무인도에서 살게 된다면 ＿＿＿＿＿＿와 가고 싶다.
(17) 나에게 가장 따뜻하고 편안함을 주는 사람/상상의 대상은 ＿＿＿＿＿이다.
(18) 나에게 가장 힘과 용기를 주는 사람/상상의 대상은 ＿＿＿＿＿이다.
(19) 나에게 가장 현명한 지혜를 주는 사람/상상의 대상은 ＿＿＿＿＿이다.
(20) 내게 충분한 시간과 돈이 주어진다면 하고 싶은 것은 ＿＿＿＿＿이다.

마음자람 프로그램 2회

제 목	다름이 미덕이다		
내 용	한 가지 상황에 대한 각기 다른 생각, 정서반응이 있음을 이해한다		
인 원	그룹당 4~8명	형 태	음악 & 미술
워밍업	감정카드로 생활 나누기	셰어링	만다라 그리기
준비물	BGM CD, 8절 도화지, 색연필, 사인펜, 크레파스, 파스넷, 파스텔 등		

1. 워밍업 – 감정카드로 생활 나누기

2. 그룹원이 편안하게 눈을 감은 상태에서 리더가 BGM으로 〈10월의 어느 멋진 날에〉를 들려준다. 이때 제목은 알려주지 않는다.

3. 자연스럽게 연상되는 '계절'의 이미지를 머릿속에 그리게 한다. 이를 8절 도화지에 자연스럽게 표현한다.

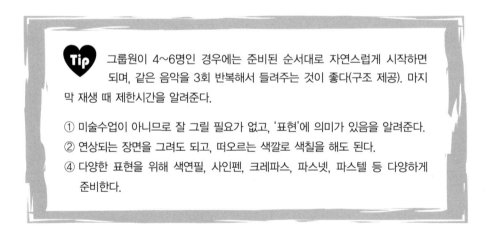

Tip 그룹원이 4~6명인 경우에는 준비된 순서대로 자연스럽게 시작하면 되며, 같은 음악을 3회 반복해서 들려주는 것이 좋다(구조 제공). 마지막 재생 때 제한시간을 알려준다.

① 미술수업이 아니므로 잘 그릴 필요가 없고, '표현'에 의미가 있음을 알려준다.
② 연상되는 장면을 그려도 되고, 떠오르는 색깔로 색칠을 해도 된다.
④ 다양한 표현을 위해 색연필, 사인펜, 크레파스, 파스넷, 파스텔 등 다양하게 준비한다.

4. 각자의 그림이 완성되면 그룹원에게 보여주면서 자유롭게 자신의 그림을 소개하고, 어떤 계절이 연상되었는지를 설명한다. 인원이 많은 경우 계절별로 모여 앉게 해본다. 같은 계절임에도 다른 그림과 연상들이 표현되었음을 알수 있다.

5. 리더의 설명 : BGM의 제목 〈10월의 어느 멋진 날에〉를 알려준다. 그리고 실

제 유럽에서 처음 만들어져서 스칸디나비아 가수 Elisabeth Andreassen이 불렀을 때의 제목은 〈Dance towards Spring〉이었으며, 대중적으로 알려진 Secret Garden의 연주곡으로 발표되었을 때에는 〈Serenade to Spring〉이라는 제목으로 변경되었음을 알려준다. 즉 계절뿐만 아니라 Dance → Serenade(사랑하는 연인을 위해 저녁 무렵에 부르는 노래)로 변경되었음을 통해 각기 다른 생각과 정서를 가지고 있음을 인정하는 것이 '자기다움', 즉 자존감을 만들어가는 시작임을 알려줄 수 있다.

6. 셰어링 – 만다라 그리기 : 오늘의 느낌을 생각나는 대로 만다라 도안에 표현한다.

마음자람 프로그램 3회

제 목	인간태양계		
내 용	나와 나의 주요 이슈에 영향을 주는 주변인물들을 태양계로 표현해본다		
인 원	그룹당 4~8명	형 태	미술
워밍업	감정카드로 생활 나누기	셰어링	만다라 그리기
준비물	4절 도화지, 색연필, 사인펜		

1. 워밍업 – 감정카드로 생활 나누기

2. 인간태양계 그리기

　① 리더가 4절 도화지를 나누어 주고 태양계를 그리도록 한다.

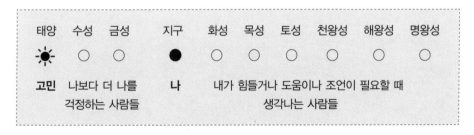

② 지구가 '나'가 되며, 태양은 나에게 '최근 가장 주요한 주제(고민)'가 된다.

③ 태양-지구 사이에 있는 수성, 금성은 '내 문제임에도 나보다 더 신경쓰고 애를 써서 가끔은 부담스럽거나 나의 문제를 더 크게 만드는 인물'을 쓴다.

④ 지구 이후는 '내게 힘이 되거나 도움을 주는 인물'에 가깝다고 느끼는 행성에 쓴다.

⑤ 지구를 제외한 8개의 영역 모두에 인물을 적고 나면, 그 인물을 떠올렸을 때 생각나는 감정/상태 단어를 쓴다.

⑥ 그룹원들과 자유롭게 자신의 태양계에 대해 나눈다. 이때 리더나 그룹원은 조언을 주거나 비판하지 않는다.

 모든 그룹원의 발표가 끝나고 나면 자신의 태양계 인물 중에서

• 따뜻한 수용
• 극복할 용기
• 현명한 지혜를 주는 인물 중에서 어느 쪽이 더 많은지를 살펴본다.

이를 통해 자신이 어려움에 처하거나 문제를 해결할 때 주로 어떠한 방식을 선택하는지까지도 알 수 있다.

3. 셰어링-만다라 그리기 : 오늘의 느낌을 생각나는 대로 만다라 도안에 표현한다.

마음자람 프로그램 4회

제 목	마법수프		
내 용	마녀의 수프처럼 나쁜 것들로 수프를 만들어 부정적 정서 다루기		
인 원	그룹당 4~8명	형 태	음악 & 미술
워밍업	감정카드로 생활 나누기	셰어링	만다라 그리기
준비물	작은 세숫대야 & 밀가루반죽(인원수대로), 물감, 큰 주걱, BGM CD		

1. 워밍업 – 감정카드로 생활 나누기

2. 마녀수프 만들기

　① 작은 세숫대야 크기의 그릇에 담긴 밀가루 반죽을 그룹원 숫자대로 각자 받는다.

　② 색종이 1/4 크기의 종이에 나를 화나게 하는 사람, 사물, 그때 나타나는 나의 나쁜 행동 등을 하나씩 적고, 작게 접어서 밀가루 반죽에 넣어 보이지 않게 잘 섞는다.

　③ 반죽하기 – 화가 났을 때를 연상하며 주먹으로 치고, 꼬집고, 손바닥으로 때린다.

　④ 각자 원하는 색깔의 물감을 하나씩 선택해서 뿌리고 다시 반죽한다.

3. 마녀수프 끓이기

　① 그룹원의 반죽을 모두 한데 모아 합쳐서 함께 반죽한다.

　② 어느 정도 반죽이 되면, 차례로 큰 주걱으로 때리거나 찌른다(BGM에 맞춰).

BGM은 가능한 한 2분 이내의 변화가 있는(빠르기, 셈여림 등) 곡을 준비한다.

 1인당 1곡이 1번 연주되는 동안 마음대로 주걱이나 자신의 손 등을 이용해서 반죽연주를 할 수 있으므로 구조와 경계를 제공할 수 있다.

 1명씩 차례로 반죽연주를 할 때 다른 그룹원은 악기연주로 이를 촉진해줄 수 있다.

4. 마녀수프의 변신

　　모두 차례로 반죽을 마치면 큰 대야 혹은 신문지에 반죽을 모아서 수업공간 귀퉁이에 얇은 보자기(천)로 덮어 둔다.

5. 셰어링 – 소감 나누기 & 만다라 그리기

　　① 자신의 부정적 정서를 일으키는 것들을 건강한 공격성(반죽연주)으로 표현한 느낌을 나누며 자연스럽게 만다라 도안에 표현한다.

　　② 프로그램을 마치고 모두 돌아갈 때, 덮어 두었던 보자기(천)를 펼치고 부정적인 것들을 긍정적인 방법으로 전환하고 나서 결과물(사탕, 초콜릿)을 나누어 먹는다.

마음자람 프로그램 5회

제 목	무인도 가기		
내 용	무인도에 동행하고픈 의미 있는 소중한 사람/사물에 대해 생각해본다		
인 원	그룹당 4~8명	형 태	미술 & 음악
워밍업	감정카드로 생활 나누기	셰어링	만다라 그리기
준비물	8절 종이배, 색연필, 사인펜, 색종이, 스카치테이프, 풀, 색이 있는 천, BGM CD		

1. 워밍업 – 감정카드로 생활 나누기

2. 배 만들기

　① 그룹원이 각각 8절 도화지로 종이배를 접는다.

　② 유아의 경우, 리더가 미리 접어 놓은 배를 그룹원의 숫자대로 준비해 둔다.

　③ 다양한 재료를 이용하여 자신만의 배를 꾸민다.

　④ 색종이에 무인도로 떠날 때 자기 자신과 함께 (1) 데려가고 싶은 사람 3명, (2) 가지고 가고 싶은 것(동물 포함) 3개를 적어 배 여기저기에 안전하게 붙인다.

　⑤ 이때 배 안쪽이나 바닥에 단단하게 붙이거나, 혹은 돛으로 만들어서 배에 부착할 수 있다.

3. 무인도 가기

　① 그룹원이 2명씩 짝을 지어 사각 보자기(천)에 배를 태운다.

　② 음악에 맞춰 안전하게 항해를 시작한다.

　③ 리더/코리더[4]가 음악을 이용해서 잔잔한 파도, 풍랑 등을 연출할 수 있다.

　④ 그룹의 성격에 따라 가족이 함께, 전체 그룹원이 다 같이 항해를 할 수 있다.

---

[4] 코리더(co-leader)는 그룹으로 진행되는 상담심리치료에서 프로그램을 진행하는 리더를 돕는, 그룹원이 아닌 또 다른 리더를 의미합니다. 코리더는 코워커(co-worker)라고도 하며, 상담심리치료에서는 주로 코리더로 칭합니다.

>  유사한 활동을 많이 적용하고 있는데, 특히 유·아동의 경우에는 배가 항해를 하던 중에 조난을 당해서 한 사람씩 내린다는 등의 '상실'에 대한 주제는 다루지 않도록 주의해야 한다. 특히 그룹으로 진행되거나 지속적으로 프로그램이 이어지지 않을 경우 이때 발생한 정서감을 잘 다루어주지 못하면 부적절감을 느낄 수 있다.

4. 셰어링 – 만다라 그리기 : 오늘의 느낌을 생각나는 대로 만다라 도안에 표현한다.

마음자람 프로그램 6회

제 목	마음지도		
내 용	내 속에 있는 내가 가진 감정들을 찾아보고 이해한다		
인 원	그룹당 4~8명	형 태	미술
워밍업	감정카드로 생활 나누기	셰어링	만다라 그리기
준비물	4절 도화지, 색연필, 사인펜, 필기도구 등		

1. 워밍업 – 감정카드로 생활 나누기

2. 마음지도 만들기

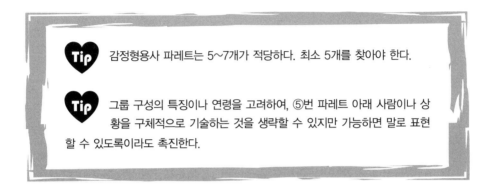

① 각자 4절 도화지에 큰 하트를 그린다.

② 하트 아래 다섯 가지 색깔의 파레트 동그라미를 그린다.

③ 현재 자신의 마음속에 들어 있는 감정(형용사) 다섯 가지를 떠올려서 하트에 그 크기대로 분할한다.

④ 파레트에 색깔이 나타내는 감정형용사를 적는다.

⑤ 파레트 아래에 그 감정형용사를 떠올릴 때 연상되는 사람 또는 상황을 구체적으로 적는다(연령 고려).

⑥ 가장 자주 표현하는 감정에 ★ 1개를 그려 넣는다.

⑦ 가장 표현하지 않는 감정에 ★ 3개를 그려 넣는다.

3. 그룹원에게 내 마음지도를 설명한다. 설명이 힘든 경우에는 그룹원이 다 함께 보면서 질문을 하면 이에 대답할 수 있다.

4. 자주 표현하는(★ 1개)/웬만해서는 표현하지 않는(★ 3개) 감정을 찾아보고, 이
   유를 이야기해본다.

5. 셰어링 – 만다라 그리기 : 오늘의 느낌을 생각나는 대로 만다라 도안에 표현
   한다.

마음자람 프로그램 7회

제 목	홀대감정 편지쓰기		
내 용	지난 회(마음지도)에 이어서, ★ 3개인 내 감정에게 편지를 쓴다		
인 원	그룹당 4~8명	형 태	놀이
워밍업	감정카드로 생활 나누기	셰어링	만다라 그리기
준비물	편지지, 필기도구		

1. 워밍업 – 감정카드로 생활 나누기

2. 홀대감정 편지쓰기

   ① 지난 회(마음지도)에 이어 진행되는 회기로서, 웬만해서는 잘 표현하지 못했
      던 내 감정에 대해 그룹원과 이야기를 나눠보고 편지를 쓴다.

   ② 편지를 쓰고 나면 자유롭게 그룹원에게 읽어주고 공유한다. 단, 정말 원치
      않는 그룹원은 읽지 않을 수 있다.

   ③ 읽은 편지는 봉투에 넣어서 그 감정을 느낀 나 자신이 받을 수 있는 주소로
      보낸다.

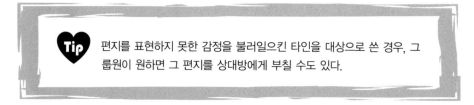

Tip 편지를 표현하지 못한 감정을 불러일으킨 타인을 대상으로 쓴 경우, 그
룹원이 원하면 그 편지를 상대방에게 부칠 수도 있다.

3. 셰어링 – 만다라 그리기 : 오늘의 느낌을 생각나는 대로 만다라 도안에 표현
   한다.

마음자람 프로그램 8회

제 목	미라 부활		
내 용	나의 부정적인/변화를 원하는 영역을 탐색하고, 이를 긍정적 놀이변화로 경험한다		
인 원	그룹당 4~8명	형 태	놀이
워밍업	감정카드로 생활 나누기	셰어링	만다라 그리기
준비물	색종이, 필기도구, 두루마리 휴지, BGM CD		

1. 워밍업 – 감정카드로 생활 나누기

2. 미라 되기

   ① 리더가 미리 준비한 색종이 1/4 크기의 종이에 타인이 아닌 자신의 영역에서 부정적이거나 변화를 원하는 부분(성격, 행동, 습관 등)을 4개씩 적어본다. 그런 뒤 종이를 작게 접는다.

   ② 2명씩 짝을 지어, 한 사람이 두루마리 휴지로 상대 그룹원을 둘둘 말아서 미라로 만들어준다.

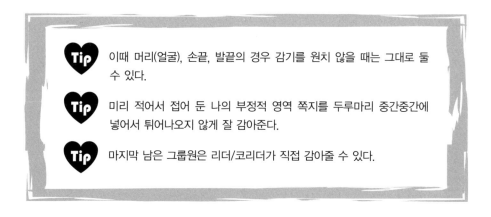

   Tip 이때 머리(얼굴), 손끝, 발끝의 경우 감기를 원치 않을 때는 그대로 둘 수 있다.

   Tip 미리 적어서 접어 둔 나의 부정적 영역 쪽지를 두루마리 중간중간에 넣어서 튀어나오지 않게 잘 감아준다.

   Tip 마지막 남은 그룹원은 리더/코리더가 직접 감아줄 수 있다.

3. 미라 부활

   ① 모두 미라로 변신하고 나면, 노랫말이 없는 조용한 음악이 흐르는 가운데서 자신의 부정적인 영역들이 사라지기를 바라는 소원의 시간(8~10분 정도)을

갖는다.

② 리더가 그룹원에게 한 사람씩 차례로 어떤 변화를 기대하는지 묻고 그룹원
은 네 가지 모두, 또는 한 가지를 대답할 수 있다

③ 모두 이야기를 하고 나면, "부활!"이라는 구령과 함께 미라(두루마리 붕대)
를 헤치고 부활한다.

4. 셰어링 – 만다라 그리기 : 오늘의 느낌을 생각나는 대로 만다라 도안에 표현
한다.

마음자람 프로그램 9회

제 목	강점시장놀이		
내 용	나의 강점과 약점을 알고, 이것이 다른 사람 또는 다른 상황에서는 바뀔 수 있으므로 모두 나 자신에 속해 있음을 알게 한다		
인 원	그룹당 4~8명	형 태	놀이
워밍업	감정카드로 생활 나누기	셰어링	만다라 그리기
준비물	양면 색종이, 매직펜		

1. 워밍업 – 감정카드로 생활 나누기

2. 자신의 강점 및 약점 찾기

① 리더가 미리 준비한 양면 색종이에 자신의 강점과 약점을 각각 3개씩 적는다.

② 종이 한 장에 강점과 약점을 각각 1개씩, 최대한 간단한 단어나 문구로 크게
적는다.

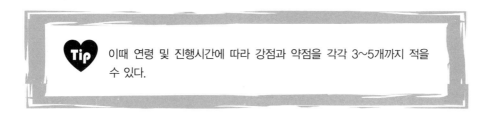

이때 연령 및 진행시간에 따라 강점과 약점을 각각 3~5개까지 적을
수 있다.

3. 그룹원이 둥글게 원을 만들고 앉아서 자신의 강점을 오른쪽에, 약점을 왼쪽에
그룹원이 모두 볼 수 있게 펼쳐 놓고 각자의 강점과 약점을 간단히 설명한다.

1단계 : 자유롭게(차례로) 자신의 약점 1개를 가운데(중앙)에 내놓고, 다른 사람
의 약점 중에서 1개를 빌려와 자신의 강점 영역에 놓는다. 단, 이때 상
대방이 빌려주기를 원치 않으면 다른 사람에게 간다. 총 3회 동안 빌리
지 못하면 패스한다.

2단계 : 자유롭게(차례로) 자신의 약점 1개를 가운데(중앙)에 내놓고, 다른 사람
의 강점 또는 약점 중에서 1개를 빌려와서 자신의 강점 영역에 놓는다.

3단계 : 자유롭게(차례로) 자신의 약점 1개를 가운데(중앙)에 내놓고, 다른 사람
의 강점, 약점뿐만 아니라 가운데(중앙)에 버려진 것들 중에서도 1개를
빌려와서 자신의 강점 영역에 놓는다.

4단계 : 그룹원 중에서 자신의 강점 중 1개를 나눠주고 싶은 사람이 있으면 줄 수
있다. 이때 상대방이 받고 싶어지도록 충분히 설명할 수 있어야 한다.

5단계 : 그룹원 중에서 자신의 단점 중에서 1개를 나눠주고 싶은 사람이 있으면
줄 수 있다. 이때 상대방이 받고 싶어지도록 충분히 설명할 수 있어야
한다.

4. 강점과 약점의 반전

① 시장놀이가 끝난 후, 자신에게 남아 있는 강점과 약점을 알아보고 그 느낌을

나눈다.

② 자신의 강점과 약점에는 어떤 변화가 있었는지, 그리고 타인의 약점이 나에게 와서 어떻게 강점으로 변했는지를 중점적으로 이야기할 수 있다.

③ 그룹원이 각자 이야기를 마치고 나면

- 자신의 강점과 약점을 모두 큰소리로 읽으면서 "이런 '나'입니다!"라고 하고 이때 그룹원은 "그런 ㅇㅇㅇ(별명)이군요!"라고 맞장구쳐 준다.

- 스스로 읽기 힘들 때는 그룹원이 대신 읽어줄 수 있다.

"당신은 _____, _____, 그리고 _____한 ㅇㅇㅇ(별명)이군요!"

5. 셰어링 – 만다라 그리기 : 오늘의 느낌을 생각나는 대로 만다라 도안에 표현한다 .

마음자람 프로그램 10회

제 목	강점부적 만들기		
내 용	지난 회에 이어 자신의 강점을 지킬 수 있는 다양한 형태의 부적을 제작한다 –카드, 옷, 우산, 모자, 노래(랩) 등		
인 원	그룹당 4~8명	형 태	미술 & 음악
워밍업	감정카드로 생활 나누기	셰어링	만다라 그리기
준비물	A4 용지, 무지개색 우산 또는 모자, 전지(옷), 리듬막대 등		

1. 워밍업 – 감정카드로 생활 나누기

2. 강점부적 만들기

① 리더가 다양한 재료를 소개한다(음악, 미술, 놀이 등).

② 자신의 강점을 지킬 수 있는 방법을 창의적으로 고안해서 만들도록 한다. 그룹원이 많을 때에는 인원을 적당히 나누어 그룹별 작품을 만들 수 있다.

3. 만든 부적(카드, 우산, 비옷, 노래)을 개인별/그룹별로 발표하고, 각각의 장단점을 이야기해본다.

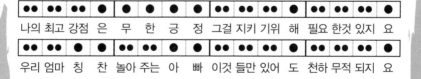

Tip 부적유형

① 강점카드

　A4 용지를 책 모양으로 접어서 자신의 강점을 지킬 수 있도록 돕는 사람, 사물 또는 주문을 적어서 꾸민다.

② 강점우산/비옷

　색색깔 부챗살로 나뉜 우산에 자신의 강점을 지킬 수 있게 돕는 사람, 사물 또는 주문을 적어서 꾸민다.

③ 강점노래

　약 8마디의 간단한 리듬패턴을 이용해서 랩을 만들어본다.

Tip 음악부적

원하는 8개의 리듬카드[5]를 조합하여 8마디 리듬패턴을 완성한 뒤에 노랫말을 붙인다.

●● ●●	●● ●	● ●	●	●● ●	●● ●	●● ●●	●● ●
나의 최고	강점 은	무 한	긍	정 그걸	지키 기위	해 필요	한것 있지 요
●● ●●	● ●	●● ●●	● ●	●● ●	●● ●	●● ●●	●● ●
우리 엄마	칭 찬	놀아 주는	아 빠	이것 들만	있어 도	천하 무적	되지 요

---

[5] 음악치료나 오르프 음악교육에서 악보를 읽기 어려운 대상을 위해 색깔악보, 숫자악보, 다양한 도안 등을 활용한 리듬악보를 사용하고 있습니다. 본 프로그램에서는 저자가 2009년에 발표한 논문에서 음악게임놀이를 위해 소개한 리듬카드를 사용합니다.

4. 셰어링 – 만다라 그리기 : 오늘의 느낌을 생각나는 대로 만다라 도안에 표현한다.

마음자람 프로그램 11회

제 목	대화카드놀이		
내 용	자신의 강점과 약점을 알고, 이를 지켜주는 보호요인으로 무장하고 실제로 다른 사람과의 대화상황에서 의사소통기술을 연습한다		
인 원	그룹당 4~8명	형 태	놀이
워밍업	감정카드로 생활 나누기	셰어링	만다라 그리기
준비물	대화카드		

1. 워밍업 – 감정카드로 생활 나누기

2. 대화카드 고르기

① 리더가 준비한 대화카드 중에서 (1) 자신이 평소에 가장 자주 사용하는 단어카드 2장, 그리고 (2) 평소에 잘 사용하지 못하지만 꼭 사용하고 싶은 단어카드 1장을 선택한다.

② 리더의 사인과 동시에 자유롭게 공간을 거닐다가 만난 사람과 인사를 나누고 자신이 선택한 카드를 소개한 뒤 그 이유를 설명한다.

③ 그룹원이 4~6명인 경우는 모두 만나도록 하고, 6명을 넘어가는 경우에는 최소한 5명과 만나서 대화단어카드를 서로 설명한다.

3. 대화카드 역할놀이

① 무대를 중심으로 반원으로 앉고, 자유롭게 한 사람씩 나온다.

② 자신의 카드 중에서 평소에 잘 사용하지 못하지만 꼭 하고 싶었던 말이 적힌 카드와 패스 카드를 들고 나온다.

③ 무대 아래에 있는 그룹원들이 자유롭게 무대 위에 있는 그룹원이 잘하지 못했던 말을 할 수 있도록 먼저 질문을 하거나, 요청을 하거나, 상황을 제시해

서 대화를 유도하면

④ 무대 위에 있는 사람은 자신이 들고 있는 카드(평소에 하지 못했지만 하고 싶었던 말)에 적힌 단어를 상황에 맞게/실감나게 말한다.

⑤ 패스 카드는 한 번만 사용할 수 있다.

⑥ 그룹원이 4~6명인 경우는 무대 아래에 있는 그룹원들이 모두 질문을 하고, 6명을 넘어가는 경우에는 최소한 5명이 질문을 한다.

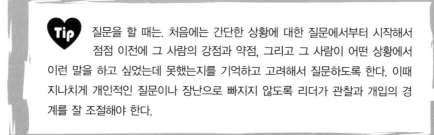

Tip 질문을 할 때는. 처음에는 간단한 상황에 대한 질문에서부터 시작해서 점점 이전에 그 사람의 강점과 약점, 그리고 그 사람이 어떤 상황에서 이런 말을 하고 싶었는데 못했는지를 기억하고 고려해서 질문하도록 한다. 이때 지나치게 개인적인 질문이나 장난으로 빠지지 않도록 리더가 관찰과 개입의 경계를 잘 조절해야 한다.

⑦ 무대 위에 있는 사람이 모든 질문에 대답을 마치고 나면, 무대 아래에 있는 그룹원들이 의논해서 선택한 카드에 함께 사용했으면 하는 카드를 하나 더 선물한다.

⑧ 무대 위에 있는 사람은 자신이 선택한 카드와 선물받은 카드 2장을 이어서 질문에 대답한다. 이때도 패스 카드는 한 번만 사용할 수 있다.

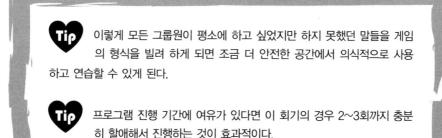

Tip 이렇게 모든 그룹원이 평소에 하고 싶었지만 하지 못했던 말들을 게임의 형식을 빌려 하게 되면 조금 더 안전한 공간에서 의식적으로 사용하고 연습할 수 있게 된다.

Tip 프로그램 진행 기간에 여유가 있다면 이 회기의 경우 2~3회까지 충분히 할애해서 진행하는 것이 효과적이다.

4. 셰어링－만다라 그리기 : 오늘의 느낌을 생각나는 대로 만다라 도안에 표현
   한다.

5. 부록－대화카드 단어목록 : 다음 목록은 실제로 2009~2014년까지 초등학생~
   대학생을 대상으로 마음자람 프로그램을 진행하면서 직접 작성한 대화(단어)
   를 모은 것입니다.

당연하지! (미소)	당연하지! (어색하게)	이번만이야
뿌듯해	속상해	무시하지 마
내 맘도 이해해줘	같은 마음이야	나한테 다 말해!
너나 잘해라	오늘은(이번은) 싫어!	다행이야, 정말…
억울해	같이 하자	사실, 난 반대야!
유쾌하고 즐거워	됐거든!	사실은 나도 떨려…
완전 찬성이야!	내가 웃는 게 웃는 게 아니야	서운하다 정말
너도 만만치 않아	난 싫어!	기다려줄게
내 얘기도 좀 들어줘	네가 내 맘을 알아?	좋기도, 나쁘기도 해
혼자 있고싶어	생각 좀 해볼게	네가 참 좋아!
만족스럽다 (미소)	아, 그렇구나!	고마워 (미소)
나 좀 도와줄래?	내가 있잖아, 걱정하지 마	실은, 괜찮지 않아
조언은 그만!	자신있어	참아볼게
욕 나올 것 같네!	울고 싶어	흥분된다, 정말!
너랑 친해지고 싶어	기다려줘	신난다
부럽다, 정말!	외로워	아, 짜증나!
두려워	화가 난다!	미안해
나, 맘 상했어	내가 도와줄게	더 이상 참지 않을 거야!
함께 있어 줘서 행복해 (미소)	난 반대야!	같이 있어줄래?
내 말이 바로 그 뜻이야!	왜 나한테만 그래?	내 진심은 그게 아니었어…
난 신경쓰지마!	다른 사람 의견에 따를게	눈치챘구나!
네 친절이 부담스러워	PASS	PASS
빈칸 카드	빈칸 카드	빈칸 카드

마음자람 프로그램 12회

제 목	타임머신		
내 용	마지막 회기로서 5년, 10년 후의 자신을 기대하고, 긍정적인 미래를 구체화해본다		
인 원	그룹당 4~8명	형 태	놀이
워밍업	감정카드로 생활 나누기	셰어링	만다라 그리기
준비물	필기도구, 수료장		

1. 워밍업 – 감정카드로 생활 나누기

2. 타임머신 타기

　리더가 지금까지 진행된 11회기를 정리해주고 나서, 눈을 감고 과거와 현재, 그리고 개인적인 영역과 사회(관계)적인 영역에 대해 이야기를 나눈 뒤 그려지는 자신의 미래를 상상해보라고 한다.

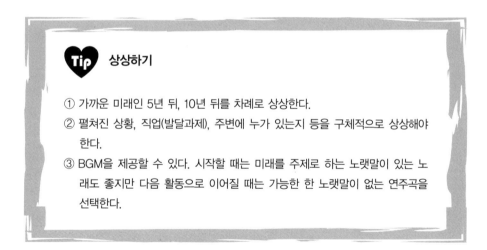

Tip **상상하기**

① 가까운 미래인 5년 뒤, 10년 뒤를 차례로 상상한다.
② 펼쳐진 상황, 직업(발달과제), 주변에 누가 있는지 등을 구체적으로 상상해야 한다.
③ BGM을 제공할 수 있다. 시작할 때는 미래를 주제로 하는 노랫말이 있는 노래도 좋지만 다음 활동으로 이어질 때는 가능한 한 노랫말이 없는 연주곡을 선택한다.

3. 미래의 '나' 만나기

① 리더가 그룹원 구성을 고려하여 5년 뒤, 10년 뒤, 20년 뒤 중 한 가지 시점을 결정해서, 그 시점의 구체적인 자신의 상황을 상상해보게 한다.

② 상상한 내용을 자기소개서, 유언장, 비망록 등 세 가지 형태 중에서 자유롭
게 선택해 쓰도록 한다.

③ 모두 작성하고 나면 자유롭게 발표한다. 가능한 한 모든 사람이 발표할 수
있도록 하되 정말 원치 않을 때는 발표하지 않을 권리도 있음을 알려주고 존
중한다.

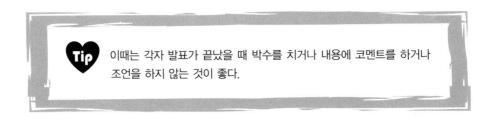

Tip 이때는 각자 발표가 끝났을 때 박수를 치거나 내용에 코멘트를 하거나
조언을 하지 않는 것이 좋다.

4. 셰어링 – 만다라 나누기 & 수료하기 : 지금까지 총 11회기 동안 활동하면서 만
들어진 작품들로 구성된 프로파일(파일북)을 보고, 만다라의 흐름을 보고 과정
에서 느낀 점을 나눈다. 수료증을 받고 프로그램을 마친다.

참고문헌

김보애 (2003). 모래놀이치료의 이론과 실제. 서울 : 학지사.

김선영 (2009). 집단음악치료가 방과후 교실 아동의 공격성과 정서적 부적응행동에 미치는 효과 : 즉흥연주와 난타를 중심으로. 한양대학교 석사학위논문.

김선영, 김장회 (2013). 적대적 반항장애 아동의 장기 모래놀이치료 단일사례연구. 한국재활심리학회지, 20(3), 427−462.

김현수, 신혜린 (2012). 어머니불안이 양육행동에 미치는 영향 : 어머니 양육효능감을 매개로. 한국아동심리치료학회지, 7(1), 93−114.

대한소아청소년정신의학회 (2012). 청소년정신의학. 서울 : 시그마프레스.

박랑규, 박응임, 안동현 외 (2011). 아동심리치료학 개론. 서울 : 학지사.

박옥임, 백사인, 박준섭 외 (2013). 청소년 심리 및 상담. 서울 : 창지사

반신환 (2010). 거울뉴런에 근거한 공감훈련의 원리. 신학과 실천, 24(2), 87−108.

황순희 (2009). 다중지능 학급경영. 서울 : 시그마프레스.

Alan Slater, Gavin Bremner (2014). 발달심리학 [An Introduction to Developmental Psychology]. (송길연, 유봉현, 장유경, 이지연 공역). 서울 : 시그마프레스.

Athena A. Drewes (2013). 인지행동놀이치료 [Blending Play Therapy with Cognitive

Behavioral Therapy]. (채규만, 김유정, 위지희, 임자성 공역). 서울 : 시그마프레스.

Carey, J., & Lois, J. (2002). 모래놀이치료 [Sandplay Therapy with Children and Families]. (이정숙, 고인숙 공역). 서울 : 하나의학사(원전은 1999년에 출판).

Charles E. Shaefer & Steven E. Reid (2010). 게임놀이와 아동심리치료 [Game play : Therapeutic Use of Childhood Games]. 서울: 창지사.

Mario Marrone (2007). 애착이론과 심리치료 [Attachment and Intervention]. 서울 : 시그마프레스.

Martin E. P. Seligman (2014). 긍정심리학 [Authentic happiness]. (김인자, 우문식 공역). 서울 : 물푸레.

Ramachandran, V. S. (2008). Mirrors in the Brain by Giacomo Rizzolatti and Corrado Sinigalia. *Nature*, 452(7189), 814.

Robert R. Erk (2010). 아동 · 청소년 상담 및 심리치료 [Counseling Treatment for Children and Adolescents]. 서울 : 시그마프레스.

Turner, B. A. (2009). 모래놀이치료 핸드북 [The Handbook of Sandplay Therapy]. (김태련 외 15명 공역). 서울 : 학지사(원전은 2005년에 출판).

저자 소개

김선영

한양대학교 대학원 아동심리치료학과 석사졸업
인제대학교 대학원 교육학과 상담심리전공 박사수료
인제대학교 상담심리치료학과 외래교수

한국아동심리치료학회 인증 아동심리치료사
대한음악치료학회 인증 음악치료사
한국한부모가정학회 인증 한부모가정지도사
한국발달지원학회 인증 모래놀이치료전문가 수련과정

현재 나맘아동가족센터 소장
　　　대한음악치료학회 부산경남지부장
　　　한국한부모가정지원센터 김해시지부장
　　　김해시 지역사회복지협의체 가족분과위원
　　　김해시 건강가정지원센터 운영위원